서비스 일본어 회화

임헌찬 · 高柳有希 공저

신아사

임헌찬(林憲燦)

1996년 3월에 일본 히로시마대학 대학원에서 교육학박사 학위를 취득한 후, 1996년 9월부터 인제대학교 교수로 재직중에 있다. 일본어학 / 일본어교육 분야, 대조언어학 분야 전문가로 활동하고 있다.
주요저서는 다음과 같다.

- 일한 양 언어에 있어서 수동문과 사역문(저서), 제이앤씨, 2004
- 한국어와 비교 대조한 일본어학의 세계와 이해(저서), 책사랑, 2015
- 쉽게 배우는 일본어문법과 표현문형(저서), 신아사, 2019

타카야나기 유키(高柳有希)

2015년 3월에 일본 아이치슈쿠토쿠대학 대학원에서 교육학석사 학위를 취득한 후, 부산대학교 대학원 박사과정 수료. 2015년 9월부터 인제대학교 교수로 재직중에 있다. 일본어학 / 일본어교육 분야, 국제이해교육분야 전문가로 활동하고 있다.
주요저서는 다음과 같다.

- *夢をチカラに想いをカタチに*(6인 공저), PILAR PRESS, 2015
- 일본어뱅크 똑똑! 일본어 STEP1(17인 공저), 동양북스, 2020

서비스 일본어 회화

초판 1쇄 발행 _ 2021년 2월 28일

저　　자 • 임헌찬 · 高柳有希
발 행 인 • 정 현 걸
발　　행 • 신 아 사
인　　쇄 • 한승인쇄
출판등록 • 1956년 1월 5일 (제9-52호)
주　　소 • 서울특별시 은평구 통일로 59길 4
전　　화 • 02)382-6411 · 팩스 02)382-6401
홈페이지 • www.shinasa.co.kr
E-MAIL • shinasa@daum.net

ISBN 979-11-91158-09-0 (93730)

정가 18,000원

머리말

현재 일본에서 취직하고자 하는 사람이 많고, 일본인 손님을 상대로 일하는 사람이 늘어나고 있습니다. 이로 인해 국내에서도 비즈니스일본어 교재출판이 늘어나고 있지만, 비즈니스와는 또 다른 서비스일본어에 중점을 둔 것이 이 교재의 특징입니다.

이 교재는 일본인을 상대로 하는 비즈니스와 개인적인 용무이지만 일본 현지 생활에서 꼭 필요한 일본어와 일본문화에 대한 지식을 알기 쉽게 공부하기 위해, 다음과 같은 내용으로 구성되어 있습니다.

1. 인사표현부터 경어표현까지의 기초회화 (제1과~제4과)
2. 공항, 호텔, 판매, 관광안내, 통역, 의료, IT, 음식점, 무역 등 다양한 실천 서비스회화 (제5과~제13과)
3. 집 계약, 통장 개설, 휴대전화 개통 등 일본 현지생활회화 (제14과)
4. 일본 취직에 도움이 되는 이력서 및 자기소개서 작성 방법 (부록 : 취직의 비결)

또 실천회화에서는 아래와 같은 구성으로, 독자 여러분의 원활한 비즈니스와 서비스 업무에 바로 도움이 될 수 있도록 심혈을 기울였습니다.

「기본회화」는 장면마다 구체적으로 연습

서비스 상황에 놓여 있는 원어민들의 회화를 학습합니다.

이것은 회화의 흐름 및 회화방식을 이해하는데 도움이 됩니다.

「기본어휘와 기본표현」도 장면마다 체계적으로 제시

주로 본문에 나온 중요단어 및 표현에 대해 이해할 수 있게 학습합니다.
시간이 없을 경우, 간단하게 복습하고 싶을 때 보고 포인트를 정리해보세요.

「문형연습」은 정확한 표현방법에 도움

본문에 나온 혼동하기 쉬운 문형에 대해 이해할 수 있게 하였습니다. 문법 설명과 예를 통해서 문형을 이해하고, 연습문제를 통해서 배운 내용을 정리해보세요.

「회화연습」은 기본회화 장면을 숙지

원어민들이 쓰고 있는 올바른 서비스 회화형식을 이용해서, 다양한 상황의 회화연습을 할 수 있게 하였습니다. 실제 상황에서 당황하지 말고 그대로 이용해 보세요.

「칼럼」은 말투나 행동매너에 도움

올바른 일본문화에 대한 이해와 원활한 커뮤니케이션을 위해 사용해 보세요.

아무쪼록 이 교재가 독자 여러분의 멋진 비즈니스와 서비스에 많은 도움이 되기를 진심으로 바랍니다.

끝으로 이 교재를 출판하는데 많은 도움을 주신 키노시타 나츠키(木下奈津紀) 선생님과 야마구치 히나노(山口日菜乃) 님에게 고마움을 전하고 싶고, 출판을 흔쾌히 맡아주신 도서출판 신아사의 정현걸 대표님과 한규갑 상무님을 비롯한 관계자 여러분들에게 감사함을 전하고 싶습니다.

2021년 2월

임헌찬 · 高柳有希

목차

기초회화편

실천회화편

第1課　인사표현

第1課　인사표현

(1) 처음 만났을 때

イ　ム：はじめまして。イム・ヨナと申(もう)します。(처음 뵙겠습니다. 임연아입니다.)

お客様(きゃくさま)：はじめまして。鈴木(すずき)まゆみです。よろしくお願(ねが)いいたします。

(처음 뵙겠습니다. 스즈키 마유미입니다. 잘 부탁드립니다.)

イ　ム：今後(こんご)ともよろしくお願(ねが)いいたします。(앞으로도 잘 부탁드립니다.)

お客様(きゃくさま)：こちらこそ、よろしくお願(ねが)いします。(저야말로 잘 부탁합니다.)

(2) 일상생활에서 만났을 때

《朝(あさ)》(아침부터 오전 10시경까지)

イ　ム：おはようございます。(안녕하세요.) * 칼럼A

お客様(きゃくさま)：おはようございます。(안녕하세요.)

한국식 표현에 유의하자!

[잘 주무셨습니까]에 해당하는「よく寝(ね)られましたか」와, [어떤 꿈 꾸셨습니까]에 해당하는「どんな夢(ゆめ)を見(み)られましたか」는 인사할 때 사용하지 않는다.

《昼(ひる)》(오전 10시경부터 해질녘까지)

イ　ム：こんにちは。(안녕하세요.) * 칼럼A

お客様(きゃくさま)：こんにちは。(안녕하세요.)

《夜》(일몰부터 밤까지)

イ　ム ：こんばんは。(안녕하세요.) * 칼럼A

お客様 ：こんばんは。(안녕하세요.)

> 한국식 표현에 유의하자!
>
> [식사하셨습니까]에 해당하는「ご飯を食べましたか」,「食事されましたか」는 인사할 때 사용하지 않는다.

(3) 잠 잘 때

イ　ム ：おやすみなさい。(안녕히 주무세요.)

お客様 ：おやすみなさい。(안녕히 주무세요.)

> 한국식 표현에 유의하자!
>
> [좋은 꿈꾸세요] 에 해당하는「いい夢を見てください」는 사용하지 않는다.

(4) 오랜만에 만났을 때

イ　ム ：ご無沙汰しております。(오랜만에 뵙습니다.)

お客様 ：こちらこそ、お久しぶりです。(저야말로 오랜만에 뵙습니다.)

イ　ム ：お元気ですか。(잘 지내셨습니까?)

お客様 ：はい、おかげさまで。(예, 덕분에.)

(5) 입실/퇴실할 때

イ　ム：失礼(しつれい)します。(실례하겠습니다.)

お客様(きゃくさま)：どうぞ、お入(はい)り下(くだ)さい。(어서 들어오세요.)

イ　ム：失礼(しつれい)しました。(실례합니다.)

お客様(きゃくさま)：はい。(네.)

한국식 표현에 유의하자!

퇴실하는 사람은 [실례했습니다]에 해당하는 「失礼(しつれい)しました」나 「失礼(しつれい)いたしました」라고 말하지만, 방에 남은 사람은 특별히 말하지 않거나, 「はい」「どうも」「はい, どうも」 등으로 간단하게 말한다.

(6) 손님이 잠깐 나가실 때

お客様(きゃくさま)：ちょっと飲(の)み物(もの)を買(か)ってきます。(잠시 음료수를 사오겠습니다.)

イ　ム：分(わ)かりました。お気(き)をつけて。(알겠습니다. 조심해서 다녀오세요.)

ここでお待(ま)ちしておりますね。(여기서 기다리고 있겠습니다.)

お客様(きゃくさま)：ただいま戻(もど)りました。(다녀왔습니다.)

イ　ム：おかえりなさいませ。(어서 오세요.)

(7) 하루 일과 후

イ　ム：それでは、また明日(あす)お目(め)にかかります。(그러면 내일 다시 뵙겠습니다.)

お客様(きゃくさま)：はい。(네.)

では、また明日(あした)よろしくお願(ねが)いします。(그럼 내일도 잘 부탁합니다.)

イ　ム：お先(さき)に失礼(しつれい)します。(먼저 실례하겠습니다.)

お客様(きゃくさま)：おつかれさまでした。(수고하셨습니다.)

今日(きょう)はありがとうございました。(오늘은 감사했습니다.)

> 한국식 표현에 유의하자!
>
> [먼저 가겠습니다]에 해당하는「先に行(い)きます」와,
>
> [먼저 가세요]에 해당하는「先に行(い)ってください」표현은 사용하지 않는다.

(8) 손님이 귀국할 때

イ　ム：どうぞお大事(だいじ)にしてください。(부디 건강에 유의하세요.)

お客様(きゃくさま)：ありがとうございました。(감사했습니다.)

> 한국식 표현에 유의하자!
>
> [건강하세요]에 해당하는「健康(けんこう)でいらっしゃってください」는 사용하지 않고,
>
> 대신에「お元気(げんき)で」표현을 사용한다.

イ　ム：お気(き)をつけて。(조심하세요.)

お客様(きゃくさま)：どうもお世話(せわ)になりました。(고마웠습니다.)

(9) 감사할 때

イ　ム　：ありがとうございます。(고맙습니다.)

お客様(きゃくさま)：いいえ、どういたしまして。(아니요 천만에요.)

(손님이 뭔가 도와주셨을 때)

イ　ム　：どうもすみません。(정말 미안합니다.)

お客様(きゃくさま)：いいえ、大丈夫(だいじょうぶ)です。(아니요 괜찮습니다.)

(손님이 선물을 주셨을 때)

お客様(きゃくさま)：どうぞ。(어서요.)

イ　ム　：どうもすみません。(정말 고맙습니다.) * 칼럼A

※「すみません」은 사죄의 의미도 있지만 감사의 의미도 가지고 있다.

(10) 사과할 때

イ　ム　：失礼(しつれい)しました。(죄송합니다.)

お客様(きゃくさま)：いえいえ。(아뇨 아뇨.)

イ　ム　：申(もう)し訳(わけ)ございません。(정말 죄송합니다.)

お客様(きゃくさま)：いえ、とんでもないです。(아뇨 당치도 않습니다.)

(11) 식사할 때

イ　ム：いただきます。(잘 먹겠습니다.)

お客様(きゃくさま)：どうぞ。(어서 드세요.)

イ　ム：ごちそうさまでした。(잘 먹었습니다.)

お客様(きゃくさま)：ごちそうさまでした。(잘 먹었습니다.)

한국식 표현에 유의하자!

[맛있게 드세요]에 해당하는「おいしく食(た)べてください」와, [잘 먹었습니다] [맛있게 먹었습니다]에 해당하는「よく食(た)べました」「おいしく食(た)べました」는 사용하지 않고, 대신에「たいへん美味(おい)しくいただきました」표현을 사용한다.

(12) 부탁할 때

イ　ム：よろしくお願(ねが)いします。(잘 부탁드립니다.)

お客様(きゃくさま)：はい、わかりました。(예 알겠습니다.)

(13) 불러 세울 때

イ　ム：あの、すみません。(저기, 죄송한데요.)
お客様(きゃくさま)：はい、何(なに)か。(예. 무슨 일이죠?)

イ　ム：ちょっとすみません。(잠시 실례합니다.)
お客様(きゃくさま)：はい、何(なん)でしょうか。(예. 무슨 일 입니까?)

(14) 기다리게 할 때

イ　ム：少々(しょうしょう)お待(ま)ち下(くだ)さい。(잠시 기다려주세요.)
お客様(きゃくさま)：はい。(예.)

イ　ム：すみません、お待(ま)たせいたしました。(오래 기다리셨습니다.)
お客様(きゃくさま)：いえいえ。(아뇨 아뇨.)

칼럼 A 인사표현

인사의 포인트!

손님은 서비스를 받는 입장이지만, 처음에
만났을 때에는 나이, 신분에 상관없이
경어로 대화한다!

인사말의 원래 의미를 생각해 봅시다!

おはよう。

아침 일찍이네요.

※ 가족이나 친구에게 사용가능

「おはようございます」 형태로는
가족이나 친구에게 사용불가

こんにちは。

오늘은(날씨가 좋네요).

※ 가족이나 친구에게 사용불가

こんばんは。

오늘 밤은(좀 시원하네요).

※가족이나 친구에게 사용불가

「すみません」이 가진 뜻을 봅시다!

① **すみません。**

죄송합니다.

② (私(わたし)のために気(き)を使(つか)わせてしまって)
すみません。

(저한테 신경 쓰게 해서)
죄송합니다. =고맙습니다.

第2課　호칭표현

第2課　호칭표현

会話 1) 공항에서 처음에 만났을 때

イム　：わたくし、イム・ヨナと申します。(저는 임연아라고 합니다.)

鈴木　：私が鈴木さやかです。(제가 스즈키 사야카입니다.)

中村　：私は付き添いの中村です。(저는 동행자인 나카무라예요.)

(안내하면서)

イム　：鈴木様、中村様、お待たせいたしました。

(스즈키님、나카무라님. 기다려주셔서 감사합니다.)

こちらへどうぞ。(이쪽으로 오십시오.)

鈴木·中村：はい、よろしくお願いします。(네, 잘 부탁합니다.)

受付　：鈴木様と、お連れの方が中村様でいらっしゃいますね。

(스즈키님과 일행분인 나카무라님이시죠.)

お二人とも、日本の方でいらっしゃいますね。

(두 분 모두 일본 분이시고요?)

鈴木　：はい、そうです。(네, 그렇습니다.)

会話(かいわ)2) 이동하면서

イム　：今回はご家族(かぞく)のみなさまそろってのご旅行(りょこう)ですか。
(이번에는 가족모두 다 모여서 여행 오시는 겁니까?)

鈴木(すずき)　：はい。そうです。(네. 맞습니다.)

イム　：ご両親(りょうしん)も韓国(かんこく)は初(はじ)めてでしょうか。(부모님도 한국은 처음이십니까?)

鈴木(すずき)　：はい。父(ちち)も母(はは)も初(はじ)めてです。(네, 아빠도 엄마도 처음이에요.)

鈴木(すずき)　：イムさんは、日本(にほん)に行(い)かれたことはあるんですか。
(연아 씨는 일본에 가보신 적이 있나요?)

イム　：はい。両親(りょうしん)と一緒(いっしょ)に日本(にほん)に住(す)んでいたことがあります。
(예. 부모님과 함께 일본에 산 적이 있습니다.)

イム　：私(わたし)の兄(あに)と妹(いもうと)は現在(げんざい)、日本(にほん)で働(はたら)いています。
(제 오빠와 여동생은 지금 일본에서 일하고 있습니다.)

鈴木(すずき)　：そうなんですか。ご家族(かぞく)の方(かた)全員(ぜんいん)、日本(にほん)と関係(かんけい)があるんですね。
(그래요? 가족 분들 모두 일본과 관계가 있네요.)

표현설명 【사람을 가리킬 때】

	공손한 말투	일반적인 말투
자기 자신	わた**く**し (저)	私(わたし) (나)
자기 자신(복수)	わたくし**ども** (저희들)	私(わたし)**たち** (우리들)
상대방	상대방 이름+様(さま) ※ 상대방 이름을 모를 때 そちら**様**(さま)	상대방 이름+さん 中村(なかむら)**さん**
누구	どなた**様**(さま)　どちら**様**(さま) どちらの**方**(かた)	どなた

① 자신을 지칭할 때, **「ぼく」「おれ」**는 남성만이 사용하는 표현이다.
「あたし」는 여성만이 사용하는 표현이다.

② 상대방을 지칭할 때, **「そちらさん」**은 거친 표현이므로 사용하지 말자.
상대방을 **「あなた」**로 부르는 것도 실례가 됨으로 주의하자.

③ 그 밖에도 누군가를 지칭할 때, **「彼(かれ)」「彼女(かのじょ)」**는 사용해서는 안 되고,
「どちらさん」「どなたさん」은 거친 표현이므로 사용하지 말자.

④ 이름이 **「鈴木(すずき)さやか」**의 경우, 성이 **「鈴木(すずき)」** 이름이 **「さやか」**가 된다.
「이름+さん」(さやかさん)은 매우 친한 사이에서만 사용된다.
보통 일본인을 부를 때는 **「姓(せい)+様(さま) / さん」**(鈴木様(すずきさま) / さん), 또는
「姓+名+様(さま)」(鈴木(すずき)さやか様(さま) / さん)이 일반적이다.

표현설명 【누군가를 지칭할 때】

	공손한 말투	일반적인 말투
「お / ご」+「様 / さん」	お客様 (손님)	お客さん
	お子様 (아드님/따님)	お子さん
「～の方 / 人」	引率の方 (인솔자 분)	引率の人
	ご一緒の方 (일행 분)	ご一緒の人
	日本の方 (일본 분)	日本の人 / 日本人
	患者の方 (환자 분)	患者さん
	患者の方々(환자 분들)	患者さんたち
第三者	본인 이름 + 様 鈴木様 (스즈키님)	본인 이름 + さん 鈴木さん
団体	ご一行様 (일행 분) 東京大学ご一行様 (도쿄대학 일행 분)	ご一行
同行者	お連れ様 (동행 분) お連れの方 (동행 분)	お連れの人

① **「客」**만의 표현은 거친 인상을 주므로, **「お客様 / お客さん」**을 사용하자.
또 **「客様 / 客さん」**이라는 표현은 존재하지 않는다.

② **「者」**에는 공손한 의미가 없기 때문에 **「引率者の方」**(인솔자 분)은 오용이다.
또 **「人々」**(사람들)은 불특정 다수의 사람을 지칭하므로 주의하자.

③ 일본어의 경우, 병원에서는 **「お客さま」**를 사용하지 않고, **「患者様」「患者さん」**을 사용함으로 주의하자.

④ 성별을 칭할 때, **「男」「女」**만 쓰는 건 거친 말투이므로,
「男性」「女性」 또는 **「男の人」「女の人」**를 사용해야 한다.

표현설명 【상대방 가족을 지칭할 때】

	공손한 말투	일반적인 말투
상대방이나 제3자의 가족	ご夫婦 / ご夫妻 (부부)	夫婦
	ご主人 / 旦那様 (남편 분)	主人 / 旦那さん
	奥様 (아내 분)	奥さん
	お子様 / ご令息 (자제분)	お子さん
	息子様 / ご子息 (아드님)	息子さん
	お嬢様 / ご令嬢 (따님)	お嬢さん / 娘さん
	ご両親 (부모님)	両親
	お父様 (아버님)	お父さん
	お母様 (어머님)	お母さん
	お兄様 (형님)	お兄さん
	お姉様 (누님)	お姉さん
	弟 様 (남동생 분)	弟 さん
	妹 様 (여동생 분)	妹 さん
	お祖父様 (할아버님)	お祖父さん
	お祖母様 (할머님)	お祖母さん
	ご親類 (친척 분)	親戚
	ご家族の方 (가족 분)	家族の人
	ご家族 (가족)	家族

「**~様 / ~さん**」은 상대방 가족을 부를 때 사용한다. 「**お子様 / お子さん**」와 같이 「**お~**」가 붙어 있는 것은 반드시 「**お~さま / さん**」의 형태로 사용해야 한다. 「**お子**」「**子様 / 子さん**」와 같은 표현은 존재하지 않는다.

표현설명 【자기가족을 지칭할 때】

비즈니스에서 사용	비즈니스에서 사용불가
夫婦(ふうふ) (부부)	夫婦(めおと)
主人(しゅじん) (남편)	亭主(ていしゅ) / 旦那(だんな)
妻(つま) / 家内(かない) / 愚妻(ぐさい) (아내)	かみさん / 女房(にょうぼう)
子(こ)ども (아이)	—
息子(むすこ) (아들)	—
娘(むすめ) (딸)	—
両親(りょうしん) (부모님)	—
父(ちち) (아버지)	親父(おやじ)
母(はは) (엄마)	お袋(ふくろ)
兄(あに) (형)	兄貴(あにき)
姉(あね) (누나)	姉貴(あねき)
弟(おとうと) (남동생)	—
妹(いもうと) (여동생)	—
祖父(そふ) (할아버지)	—
祖母(そぼ) (할머니)	—
親類(しんるい) / 身内(みうち) (친척)	—
家族(かぞく) (가족)	

자기 가족이나 친척에게는 경어를 사용하지 않기 때문에, 자기 가족을 타인에게 소개할 때 「**~さん**」은 사용하지 않는다.

한국식 표현에 유의하자!

한국어는 친척이나, 친구/연인/직장동료 사이에서도 [오빠/형/누나/언니/동생] 등을 사용하지만, 일본어는 **직함**이나 **이름**으로 호칭한다.

【注意1】

× 日本には、会社のお兄さんと一緒に行ったことがあります。

→ 타인에게는 사용불가

○ 会社の先輩と一緒に行ったことがあります。

→ 직함이나 호칭은 사용가능

○ 会社のチェ·ミンスさんと一緒に行ったことがあります。

→ 이름도 사용가능

【注意2】

×お姉さん！ お兄さん！

→ 손위의 知人을 부를 경우 사용불가

○パク·スヨンさん！

→ 이름을 부를 경우 사용가능

第3課　숫자 · 시간표현

第3課　숫자 · 시간표현

(1) 숫자읽기

イム　：鈴木様(すずきさま)のお部屋(へや)は、13階(かい)の1307(いちさんまるななごうしつ)号室です。

(스즈키님의 방은 13층에 1307호실입니다.)

鈴木(すずき)　：1307号室(いちさんまるななごうしつ)ですね。ありがとうございます。(1307호실이군요. 고맙습니다.)

鈴木(すずき)　：朝食(ちょうしょく)を付(つ)けたいんですが、いくらですか。

(조식을 추가하고 싶은데 얼마인가요?)

イム　：朝食(ちょうしょく)を付(つ)けますと、追加(ついか)料金(りょうきん)が13000(いちまんさんぜん)ウォンです。

(조식까지 하시면 추가요금이 13,000원입니다.)

鈴木(すずき)　：イムさんの連絡先(れんらくさき)を教(おし)えてください。(임선생님의 연락처를 알려주세요.)

イム　：私(わたし)の携帯(けいたい)は010−970−3684(ぜろいちぜろの きゅうななぜろの さんろくはちよん)です。(제 휴대전화는 010-970-3684입니다.)

鈴木(すずき)　：帰(かえ)りの飛行機(ひこうき)の便名(びんめい)は何(なん)ですか。(돌아가는 비행기의 편명은 뭐에요?)

イム　：エアプサン、BX103(いちまるさんびん)便です。(에어부산 BX103편입니다.)

사용방법의 차이에 유의하자!

「0」이 전화번호로 사용되면 「**ゼロ**」로 읽고, 방 번호나 비행기 편으로 사용되면, 「**まる**」로 읽는다.

0	**ぜろ / れい**	
1	いち	ひとつ
2	に	ふたつ
3	さん	みっつ
4	**し / よん**	よっつ
5	ご	いつつ
6	ろく	むっつ
7	**しち / なな**	ななつ
8	はち	やっつ
9	**きゅう / く**	ここのつ
10	じゅう	とお

11	じゅういち
12	じゅうに
13	じゅうさん
14	じゅうし じゅうよん
15	じゅうご
16	じゅうろく
17	じゅうしち じゅうなな
18	じゅうはち
19	じゅうきゅう じゅうく
20	にじゅう

	10	100	1,000	10,000
1	じゅう	ひゃく	せん	**いち**まん
2	にじゅう	にひゃく	にせん	にまん
3	さんじゅう	**さんびゃく**	**さんぜん**	さんまん
4	よんじゅう	よんひゃく	よんせん	よんまん
5	ごじゅう	ごひゃく	ごせん	ごまん
6	ろくじゅう	**ろっぴゃく**	ろくせん	ろくまん
7	ななじゅう	ななひゃく	ななせん	ななまん
8	はちじゅう	**はっぴゃく**	**はっせん**	はちまん
9	きゅうじゅう	きゅうひゃく	きゅうせん	きゅうまん

(2) 시간 읽기

イム ：明日の出発は、朝9時30分です。(내일 출발은 오전 9시 30분입니다.)
9時にロビーにお越しいただけますか。(9시에 로비로 오실 수 있습니까?)

鈴木 ：9時にロビーで、9時半の出発ですね。(9시에 로비이고, 9시 반에 출발이죠?)
分かりました。(알겠습니다.)

鈴木 ：ホテルの朝食の時間は、何時から何時までですか。
(호텔 조식시간은 몇시부터 몇시까지인가요?)

イム ：朝食は、午前7時から9時までです。(조식은 오전 7시부터 9시까지입니다.)

1時	いちじ	1分	**いっぷん**
2時	にじ	2分	にふん
3時	さんじ	3分	**さんぷん**
4時	**よじ**	4分	**よんぷん**
5時	ごじ	5分	ごふん
6時	ろくじ	6分	**ろっぷん**
7時	しちじ	7分	ななふん
8時	はちじ	8分	はちふん / **はっぷん**
9時	くじ	9分	きゅうふん
10時	じゅうじ	10分	**じゅっぷん / じっぷん**
11時	じゅういちじ	15分	じゅうごふん
12時	じゅうにじ	30分	**さんじゅっぷん** **さんじっぷん** **はん**
何時	なんじ(몇 시)	何分	**なんぷん**(몇 분)

(3) 年月日(年・月・日) 읽기

イム ：病院の問診票作成のため、(병원의 문진표 작성을 위해.)
鈴木様の生年月日を教えていただけますか。
(스즈키님의 생년월일을 가르쳐주실 수 있습니까?)

鈴木 ：1 9 8 4年 4月 9日です。(1984년 4월 9일입니다.)

イム ：韓国に滞在される日にちを教えていただけますか。
(한국에 체류하실 날짜를 가르쳐 주실 수 있습니까?)

鈴木 ：はい。3月 1 4日から2 4日までです。(네. 3월 14일부터 24일까지입니다.)

1年	いちねん	1月	いちがつ	1日	**ついたち**	16日	じゅうろくにち
2年	にねん	2月	にがつ	2日	**ふつか**	17日	じゅうしちにち
3年	さんねん	3月	さんがつ	3日	**みっか**	18日	じゅうはちにち
4年	**よねん**	4月	**しがつ**	4日	**よっか**	19日	じゅうくにち
5年	ごねん	5月	ごがつ	5日	**いつか**	20日	**はつか**
6年	ろくねん	6月	ろくがつ	6日	**むいか**	21日	にじゅういちにち
7年	しちねん ななねん	7月	しちがつ	7日	**なのか**	22日	にじゅうににち
8年	はちねん	8月	はちがつ	8日	**ようか**	23日	にじゅうさんにち
9年	きゅうねん	9月	**くがつ**	9日	**ここのか**	24日	**にじゅうよっか**
10年	じゅうねん	10月	じゅうがつ	10日	**とおか**	25日	にじゅうごにち
20年	にじゅうねん	11月	じゅういちがつ	11日	じゅういちにち	26日	にじゅうろくにち
30年	さんじゅうねん	12月	じゅうにがつ	12日	じゅうににち	27日	にじゅうしちにち
40年	よんじゅうねん			13日	じゅうさんにち	28日	にじゅうはちにち
50年	ごじゅうねん			14日	**じゅうよっか**	29日	にじゅうくにち
100年	ひゃくねん			15日	じゅうごにち	30日	さんじゅうにち
数年	すうねん	数ヵ月	すうかげつ	数日	すうじつ	31日	さんじゅういちにち
何年	なんねん(몇 년)	何月	なんがつ(몇 월)	何日		なんにち(몇 일)	

(4) 曜日(ようび) (요일) 읽기

鈴木(すずき) ： すみません、ミーティングの日(ひ)は何曜日(なんようび)ですか。

(죄송한데요, 미팅 날은 무슨 요일인가요?)

イム ： その日(ひ)は、3月(さんがつ) 15日(じゅうごにち)の火曜日(かようび)ですね。(그 날은 3월 15일 화요일입니다.)

イム ： 次(つぎ)は、金曜日(きんようび)にお会(あ)いします。(다음에는 금요일에 뵙겠습니다.)

鈴木(すずき) ： はい、よろしくお願(ねが)いします。(네, 잘 부탁합니다.)

月曜日(げつようび) (월요일)	火曜日(かようび) (화요일)	水曜日(すいようび) (수요일)	木曜日(もくようび) (목요일)
金曜日(きんようび) (금요일)	土曜日(どようび) (토요일)	日曜日(にちようび) (일요일)	何曜日(なんようび) (무슨 요일)

(5) ~ヶ月(かげつ) (개월) 읽기

イム ： 帰国(きこく)されてからひと月後(つきご)に、アンケートを 送付(そうふ)いたします。

(귀국하시고 한 달 뒤에 설문지를 송부하겠습니다.)

鈴木(すずき) ： 1ヶ月後(いっかげつご)ですね。分(わ)かりました。(한 달 뒤군요. 알겠습니다.)

イム ： 2ヶ月前(にかげつまえ)にも、同(おな)じツアーに参加(さんか)されたお客様(きゃくさま)がお2人(ふたり)いらっしゃいました。

(2개월 전에도 같은 투어에 참가하신 손님이 두 분 계셨습니다.)

鈴木(すずき) ： そうですか。人気(にんき)があるツアーなんですね。

(그래요? 인기 있는 투어네요.)

1ヶ月	2ヶ月	3ヶ月	4ヶ月
いっかげつ **ひとつき**	にかげつ	さんかげつ	よんかげつ
5ヶ月	6ヶ月	7ヶ月	8ヶ月
ごかげつ	**ろっかげつ**	ななかげつ	はちかげつ はっかげつ
9ヶ月	10ヶ月	11ヶ月	12ヶ月
きゅうかげつ	**じゅっかげつ** **じっかげつ**	じゅういっかげつ	じゅうにかげつ
数カ月(수 개월)	何ヶ月(몇 개월)		
すうかげつ	なんかげつ		

(6) 하루의 시간대 읽기

イム　：明日の午前は南浦洞、午後は太宗台をご案内いたします。

(내일 오전은 남포동, 오후는 태종대를 안내해 드리겠습니다.)

鈴木　：有名な所ですね。楽しみです。(유명한 곳이네요. 기대할게요.)

イム　：この海東 竜宮寺は、明け方に見える日の出がとても
きれいですよ。

(이 해동용궁사는 새벽녘에 볼 수 있는 일출이 매우 아름답습니다.)

日中は、散歩コースが賑わいます。(낮에는 산책코스가 붐빕니다.)

鈴木　：ぜひ日の出を見てみたいですね。(꼭 일출을 보고 싶네요.)

<table>
<tr><td rowspan="4">午前(오전)</td><td>深夜(심야)</td><td>夜中(밤중)</td><td></td></tr>
<tr><td>早朝(이른 새벽)</td><td>明け方(새벽녘)</td><td></td></tr>
<tr><td>朝(아침)</td><td rowspan="3">日中(주간/낮)</td><td rowspan="2"></td></tr>
<tr><td>昼(점심)</td></tr>
<tr><td rowspan="3">午後(오후)</td><td>夕方(저녁)</td><td></td></tr>
<tr><td>夜(밤)</td><td>晩(저녁때)</td><td rowspan="2"></td></tr>
<tr><td>深夜(심야)</td><td>夜中(밤중)</td></tr>
</table>

(7) 日(にち) · 週(しゅう) · 月(げつ) · 年(ねん) (일 · 주 · 월 · 년) 읽기

イム ： 明日(あす/あした)は釜山(プサン)市内(しない)を観光(かんこう)して、明後日(あさって)は慶州(キョンジュ)に向(む)かいます。

(내일은 부산 시내를 관광하고 모레는 경주에 갈 예정입니다.)

鈴木(すずき) ： はい。明日(あす/あした)が楽(たの)しみですね。(네, 내일이 기대되네요.)

주의 사항

일본인은 일정에 민감하기 때문에, 일본인 관광객에게는 일정을 미리 알려서 안심시켜야 합니다!

イム ： 毎年(まいとし)10月(がつ)には釜山国際映画祭(ぷさんこくさいえいがさい)が開催(かいさい)され、大勢(おおぜい)の 観光客(かんこうきゃく)の方(かた)が訪(おとず)れます。

(매년 10월에는 부산국제영화제가 개최되어 수많은 관광객이 방문합니다.)

鈴木(すずき) ： そうなんですか。ぜひ秋(あき)にも来(き)てみたいですね。

(그래요? 가을에도 꼭 오고 싶네요.)

毎日(まいにち) (매일)	一昨日(おととい/いっさくじつ) (그저께)	昨日(きのう) (어제)	今日(きょう) (오늘)	明日(あした/あす) (내일)	明後日(あさって) (모레)
毎週(まいしゅう) (매주)	先々週(せんせんしゅう) (지 지난주)	先週(せんしゅう) (지난 주)	今週(こんしゅう) (이번 주)	来週(らいしゅう) (다음 주)	再来週(さらいしゅう) (다 다음주)
毎月(まいつき) (매월)	先先月(せんせんげつ) (지 지난달)	先月(せんげつ) (지난 달)	今月(こんげつ) (이번 달)	来月(らいげつ) (다음 달)	再来月(さらいげつ) (다 다음달)
毎年(まいとし) (매년)	一昨年(いっさくねん) おととし (재작년)	去年(きょねん) 昨年(さくねん) (작년)	今年(ことし) (올해/금년)	来年(らいねん) (내년)	再来年(さらいねん) (내후년)

(8) 年·月·週 구분해서 읽기

鈴木(すずき)：鎮海(チネ)は、何(なに)が有名(ゆうめい)なんですか。(진해는 무엇이 유명한가요?)

イム：3月下旬(がつげじゅん)から4月上旬(がつじょうじゅん)にかけて、桜(さくら)がとてもきれいなところです。

(3월 하순부터 4월 상순까지 벚꽃이 굉장히 아름다운 곳입니다.)

鈴木(すずき)：釜山(プサン)では、どんなお祭(まつ)りが有名(ゆうめい)ですか。(부산은 어떤 축제가 유명한가요?)

イム：毎年(まいとし)10月(がつ)の月末(げつまつ)か11月(がつ)の月初(つきはじ)めに (매년 10월말이나 11월초에)

広安里(クァンアンリ)で開(ひら)かれる釜山(プサン)花火大会(はなびたいかい)が有名(ゆうめい)です。

(광안리에서 열리는 부산불꽃축제가 유명합니다.)

イム：西面(ソミョン)の年末年始(ねんまつねんし)は、買(か)い物客(ものきゃく)でいつも以上(いじょう)に賑(にぎ)わいます。

(서면의 연말연시는 쇼핑객으로 평소보다 많이 북적거립니다.)

鈴木(すずき)：さすが、釜山一(ぷさんいち)の繁華街(はんかがい)ですね。(역시, 부산 제일의 번화가네요.)

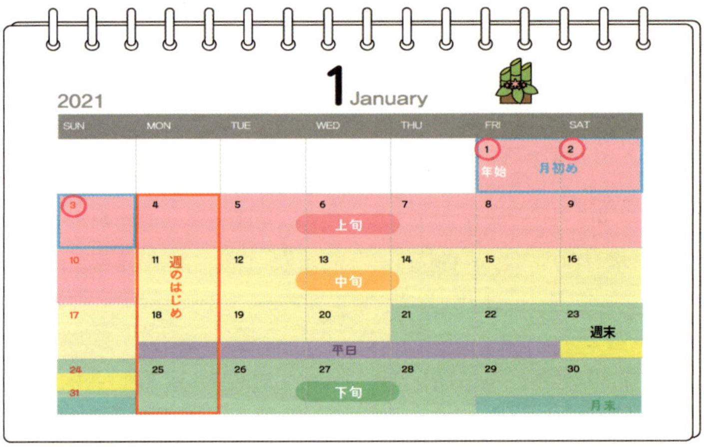

한국식 표현에 유의하자!

①「公休日」(공휴일)에 해당하는 일본어는「**祝日**(しゅくじつ)」이다.

②「定期休日」(정기휴일)에 해당하는 일본어는「**定休日**(ていきゅうび)」이다.

(9) 세는 단위와 숙박일 읽기

イム：鈴木様(すずきさま)は、韓国(かんこく)には何回(なんかい)ほどいらっしゃったことがございますか。
(스즈키님은 한국에 몇 번 정도 오신 적이 있습니까?)

鈴木(すずき)：旅行(りょこう)で6回(ろっかい)、来(き)たことがあります。(여행으로 6번 온 적이 있어요.)

鈴木(すずき)：去年(きょねん)の冬(ふゆ)に友(とも)だちと2人(ふたり)で、ソウルに3泊4日(さんぱくよっか)旅行(りょこう)をしました。
(작년 겨울에 친구와 둘이서 서울에 3박 4일간 여행을 했어요.)

イム：それでは、今回(こんかい)はぜひ釜山(プサン)をお楽(たの)しみくださいね。
(그러면 이번에는 꼭 부산을 즐겨 주십시오.)

【그 밖의 세는 단위】

兄弟(きょうだい)は4人(よにん)います。(형제는 4명 있습니다.)

コーヒーを2杯(にはい)飲(の)みました。(커피를 두 잔 마셨습니다.)

ビールを3本(さんぼん)注文(ちゅうもん)しました。(맥주를 세 병 주문했습니다.)

韓国(かんこく)に5回(ごかい)来(き)たことがあります。(한국에 다섯 번 온 적이 있습니다.)

部屋(へや)は6階(ろっかい)にあります。(방은 6층에 있습니다.)

4泊5日(よんはくいつか)の旅行(りょこう)に行きます。(4박 5일 여행으로 갑니다.)

桃(もも)を6個(ろっこ)買(か)いました。(복숭아를 여섯 개 샀습니다.)

	人間 (사람)	~個(こ) (개)	~杯(はい) (잔)	~本(ほん) (자루/병)	~回(かい) (회수)	~階 (건물/층)	~泊 (숙박)
1	**ひとり**	**いっこ**	**いっぱい**	**いっぽん**	**いっかい**	**いっかい**	**いっぱく**
2	**ふたり**	にこ	にはい	にほん	にかい	にかい	にはく
3	さんにん	さんこ	**さんばい**	**さんぼん**	さんかい	さんかい **さんがい**	**さんぱく**
4	**よにん**	よんこ	よんはい	よんほん	よんかい	よんかい	よんはく
5	ごにん	ごご	ごはい	ごほん	ごかい	ごかい	ごはく
6	ろくにん	**ろっこ**	**ろっぱい**	**ろっぽん**	**ろっかい**	**ろっかい**	**ろっぱく**
7	しちにん ななにん	ななこ	ななはい	ななほん	ななかい	ななかい	ななはく
8	はちにん	はちこ **はっこ**	はちはい **はっぱい**	はちほん **はっぽん**	はちかい **はっかい**	はちかい **はっかい**	はちはく **はっぱく**
9	きゅうにん	きゅうこ	きゅうはい	きゅうほん	きゅうかい	きゅうかい	きゅうはく
10	じゅうにん	**じゅっこ** **じっこ**	**じゅっぱい** **じっぱい**	**じゅっぽん** **じっぽん**	**じゅっかい** **じっかい**	**じゅっかい** **じっかい**	**じゅっぱく** **じっぱく**
?	なんにん 몇 사람	なんこ 몇 개	**なんばい** 몇 잔	**なんぼん** 몇 자루 몇 병	なんかい 몇 회	なんかい 몇 층	**なんぱく** 몇 박

칼럼 B　서기와 연호

일본에서는 년도를 셀 때 「**西暦**」(서기)와 함께, 「**元号**」(연호)가 사용되고 있다.
元号(연호)는 천황의 재위 시작과 함께 사용되며, 그 첫 해를 「**元年**」이라고 부른다.
1989年1月8日부터 시작된 「**平成**」의 경우, 1989년이 「**平成元年**」(平成1年)이다.

《西暦》2011年5月1日 ＝《元号》平成23年5月1日

元号 (연호)	西暦 (서기)
昭和元年	1926年
昭和20年	1945年
昭和63年	1988年
昭和64年 / 平成元年	1989年
平成14年	2002年
平成23年	2011年
平成31年 / 令和元年	2019年

東京オリンピックは昭和39年です。西暦では1964年です。

(동경 올림픽은 쇼와39년입니다. 서기로는 1964년입니다.)

日韓ワールドカップは2002年に開催されました。元号でいうと平成14年です。

(한일월드컵은 2002년에 개최되었습니다. 연호로는 헤이세이 14년입니다.)

서기와 연호의 공식!

〈쇼와 ⇔ 서기〉

昭和 25 年 **+ 1925** = 西暦 1950年　西暦 1950 年 **- 1925** = 昭和 25年

〈헤이세이 ⇔ 서기〉

平成 10 年 **+ 1988** = 西暦 1998年　西暦 1998 年 **- 1988** = 平成 10年

〈레이와 서기〉

令和1 年 **+ 2018** = 西暦 2019年　西暦 2019 年 **- 2018** = 令和 1年(令和元年)

第4課　비즈니스 경어표현

第4課　비즈니스 경어표현

会話1）

イム　：初めまして、イム・ヨナと申します。(처음 뵙겠습니다. 임연아라고 합니다.)

どうぞよろしくお願いいたします。(잘 부탁드립니다.)

鈴木　：こちらこそ、よろしくお願いします。(저야말로 잘 부탁합니다.)

鈴木　：すみません。お手洗いはどこですか。(죄송한데요. 화장실은 어디인가요?)

イム　：あちらでございます。ご案内いたします。(저쪽입니다. 안내 드리겠습니다.)

イム　：お荷物をお持ちいたしましょうか。(짐을 들어드릴까요?)

鈴木　：いえ、全然重くないので大丈夫です。(아뇨 전혀 무겁지 않아 괜찮아요.)

ありがとうございます。(고맙습니다.)

会話2）

イム　：鈴木様、こちらがレストランのメニューでございます。

(스즈키님, 이 식당의 메뉴입니다.)

鈴木　：ありがとうございます。(고맙습니다.)

イム　：お食事の後は、こちらでお待ちください。

(식사 하신 뒤에는 이쪽에서 기다려 주십시오.)

鈴木　：わかりました。ここで待っています。(알겠습니다. 여기서 기다릴게요.)

イム　：鈴木様、ここから自由行動となりますが、(스즈키님 지금부터 자유시간인데,)

ホテルへは何時頃にお戻りになりますか。(호텔에는 몇 시경에 돌아오십니까?)

鈴木　：そうですね。夜の10時には戻ります。(글쎄요. 밤 10시에는 돌아와요.)

[비즈니스 경어의 사용방법]

일본어도 한국어도 경어가 있는데, 연장자나 상사 그리고 처음 만나는 사람에게 경어를 사용한다는 점에서는 같다. 그러나 한국어는 **나이가 경어 사용기준의 중요한 절대적 요소**가 되지만, 일본어는 **상대방과의 관계가 무엇보다 중시**되므로 대화할 때 나이는 고려대상이 되지 않는다. 또 아무리 친한 사이라도 **비즈니스 상에서는 반드시 경어를 사용**한다는 점에서 한국어와 다르다. 따라서 일본어에서는 **비즈니스 관계인지 사적인 관계인지를 구별**하는 것이 무엇보다도 중요하다.

일본어의 경어표현 방식에는 크게 3종류가 있다.

丁寧語(ていねいご)(공손어) : 자신에게도 상대방에게도 사용해 거친 말투가 되지 않는다.
謙譲語(けんじょうご)(겸양어) : 자신을 낮추어 표현함으로써, 상대방을 높이는 효과가 있다.
尊敬語(そんけいご)(존경어) : 상대방의 행동을 높여서 표현할 때 사용한다.

한국인이 일본손님을 위해 행동할 때는 「**謙譲語**(けんじょうご)」를 사용하고, 일본손님의 행동에 대해 말할 때는 「**尊敬語**(そんけいご)」를 사용해야 한다.

자기 행동 「見(み)る」를 나춰서

私がお客様(きゃくさま)の書類(しょるい)を<u>拝見(はいけん)いたします</u>。

(손님의 서류를 보겠습니다.)

「**拝見(はいけん)する**」는 「見(み)る」의 겸양어

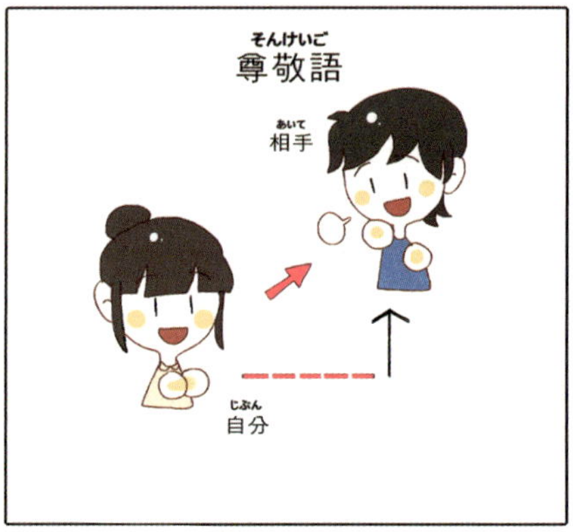

손님 행동 「食(た)べる」를 높여서

お客様(きゃくさま)は何(なに)を<u>召(め)し上(あ)がりますか</u>。

(손님은 무엇을 드시겠습니까?)

「**召(め)し上(あ)がる**」는 「食(た)べる」의 존경어

(1) 謙譲表現(겸양표현)

손님에게 서비스할 때나 이야기 할 때,「謙譲語」(겸양어)를 사용한다.

× 初めまして。パク・ヨナと言います。

○ 初めまして。パク・ヨナと申します。(처음 뵙겠습니다. 박연아라고 합니다.)

謙譲語에는 다음과 같은 2개의 형식이 있다.

1) 謙譲語 전용동사를 사용하는 경우

(私が)パスポートを拝見します。(여권을 보겠습니다.)

「拝見する」는「見る」의 겸양동사이다.

2)「お/ご~する/いたす」 형식을 사용하는 경우

(私が)診察室にご案内いたします。(진찰실로 안내해드리겠습니다.)

(私が)ホテルまでご案内します。(호텔까지 안내하겠습니다.)

기본적으로 고유어에는「**お**」, 한어에는「**ご**」를 사용한다.
「~」부분에는 고유어동사의 ます形과, 한어동사의 어간을 사용한다.

고유어「持つ」	한어「案内する」
× 荷物を持ちます。	× 案内します。
○ 荷物をお持ちします。	○ ご案内します。
○ 書類をお持ちいたします。	○ ご案内いたします。

〈謙譲語에 대응하는 한국어 표현과 주의사항〉

辞書形(사전형)	ます形	謙譲語 (겸양어)	한국어표현
する	します	いたします	해 드리겠습니다
行く 来る 訪問する	行きます 来ます 訪問します	伺います 参ります 上がります	가겠습니다 오겠습니다 방문하겠습니다 찾아뵙겠습니다
聞く	聞きます	伺います 承ります	여쭙겠습니다. 듣겠습니다 알겠습니다
いる	います	おります	있겠습니다
知っている	知っています	(物を)存じております (人を)存じ上げております	(물건을)알고 있습니다 (사람을)알고 있습니다
言う 話す	言います 話します	申します 申し上げます	말씀 드리겠습니다
食べる 飲む もらう	食べます 飲みます もらいます	いただきます	먹겠습니다 마시겠습니다 받겠습니다
あげる	あげます	差し上げます	드리겠습니다
受け取る	受け取ります	頂戴します	맡겠습니다 받겠습니다
見る	見ます	拝見します 拝見いたします	살펴 보겠습니다
見せる	見せます	お目にかけます ご覧にいれます	보여 드리겠습니다
会う	会います	お目にかかります	만나뵙겠습니다

▶ 「差し上げます」를 상대방에게 직접 사용하면, 자신이 친절한 행위를 베풀고 있다는 의미(생색)를 전달하게 되므로, 상대방에게 실례가 되는 표현이다.

ビールを買ってあげます。(맥주를 사주겠습니다.) : 서비스 일본어에서는 사용 불가
ビールを買って差し上げます。(맥주를 사드리겠습니다.) : 서비스 일본어에서는 사용 불가

▶ 「頂戴します」의 경우, 「頂戴」만 사용하면 유아용 표현이 된다.

プレゼントを頂戴します。(선물을 받겠습니다.)
早く来てちょうだい。(빨리 와줘.)

(2) 尊敬表現 (존경표현)

손님의 행동에 대해서 말 할 때는 「尊敬語」를 사용하는데 3가지 형식이 있다.

1) 尊敬語 전용동사를 사용하는 경우

× お客様は、いつ韓国に来ますか。

○ お客様は、いつ韓国にいらっしゃいますか。(손님은 언제 한국에 오십니까?)

× お客様、こちらを見てください。

○ お客様、こちらをご覧ください。(손님, 이쪽을 보십시오.)

2)「お / ご~になる」

기본적으로 고유어에는「お」한어에는「ご」를 사용하고,「~」부분에는 고유어동사의 ます形과 한어동사의 어간을 사용한다.

× 何時頃に戻りますか。

○ 何時頃にお戻りになりますか。(몇 시경에 돌아오십니까?)

× 昨日は何を買いましたか。

○ 昨日は何をお買いになりましたか。(어제는 무엇을 사셨습니까?)

3)「~れる / ~られる」

1그룹동사는「ない形＋**れる**」, 2그룹동사는「ない形＋**られる**」,
3그룹동사(来る, する)는「**来られる**」「**される**」를 사용한다.

× 検査を受けた後は、こちらで待ってください。

○ 検査を受けられた後は、こちらでお待ちください。

(검사를 받으신 후에는 이쪽에서 기다려 주세요.)

× 昨日は何を買いましたか。

○ 昨日は何を買われましたか。(어제는 무엇을 사셨습니까?)

× いつ頃、来ますか。

○ いつ頃、来られますか。(언제쯤 오십니까?)

〈尊敬語(そんけいご)에 대응하는 한국어 표현과 주의사항〉

辞書形(じしょけい) (사전형)	ます形(けい)	尊敬語(そんけいご)(존경어)	한국어표현
する	します	なさいます	하**십**니다
行(い)く	行(い)きます	いらっしゃいます おいでになります	가**십**니다
来(く)る	来(き)ます	いらっしゃいます おいでになります お見(み)えになります お越(こ)しになります	오**십**니다
いる	います	いらっしゃいます おいでになります	계**십**니다
知(し)っている	知(し)っています	ご存知(ぞんじ)です ご存知(ぞんじ)でいらっしゃいます	알고 계**십**니다
食(た)べる 飲(の)む	食(た)べます 飲(の)みます	召(め)し上(あ)がります	드**십**니다
くれる	くれます	くださいます	주**십**니다
見(み)る	見(み)ます	ご覧(らん)になります	보**십**니다
言(い)う	言(い)います	おっしゃいます	말씀하**십**니다
着(き)る	着(き)ます	お召(め)しになります	입으**십**니다
寝(ね)る	寝(ね)ます	お休(やす)みになります	주무**십**니다

▶ 尊敬(そんけい)동사의 「**なさいます**」와 命令形(めいれいけい)의 「**しなさい**」를 혼동해서는 안 된다.

それは、先生(せんせい)がなさいます。(그것은 선생님이 하십니다.)

きれいに掃除(そうじ)しなさい。(깨끗하게 청소하세요.)

▶ 「**してください**」와 「**ください**」는 지시/명령표현이므로 존경의 의미가 없다.
尊敬(そんけい)표현으로 사용할 때는 「**してくださいます**」「**くださいます**」와 같이
반드시 「**ます**」를 붙여야 한다.

書類(しょるい)はお客様(きゃくさま)が書(か)いてくださいます。(서류는 손님이 써 주시겠습니다.)

部長(ぶちょう)がプレゼントをくださいました。(부장님이 선물을 주셨습니다.)

(3) 공손한 표현

1) 시간을 나타내는 경어

비즈니스경어에서는 동사만이 아니라, 명사나 부사도 공손히 사용해야 한다. 특히 시간을 나타내는 경어는 공적인 문서나 비즈니스회화에서 많이 사용한다.

それでは本日(ほんじつ)のスケジュールについてご説明(せつめい)させていただきます。

(그러면 오늘 일정에 대해서 설명해 드리겠습니다.)

それでは、後程(のちほど)お迎(むか)えにあがります。

(그러면 나중에 모시러 가겠습니다.)

先日(せんじつ)は大変(たいへん)お世話(せわ)になりました。

(지난번에는 신세 많이 졌습니다.)

早急(さっきゅう)に対応(たいおう)していただき、感謝申(かんしゃもう)し上(あ)げます。

(발 빠르게 대응해주셔서 감사드립니다.)

平素(へいそ)は格別(かくべつ)のお引(ひ)き立(た)てを賜(たまわ)り、誠(まこと)にありがとうございます。

(평소에 각별하게 돌봐주셔서 정말 감사드립니다.)

改(あらた)めて検討(けんとう)させていただけませんか。

(다시 검토해 주실 수 없겠습니까?)

보통표현	공손한 표현	보통표현	공손한 표현
今日(きょう)	本日(ほんじつ)	この前(まえ) / この間(あいだ)	先日(せんじつ)
明日(あした)	明日(あす) / 明日(みょうにち)	その日(ひ)	当日(とうじつ)
明後日(あさって)	明後日(みょうごにち)	その日(ひ)のうちに	即日(そくじつ)
昨日(きのう)	昨日(さくじつ)	次(つぎ)の日(ひ)	翌日(よくじつ)
一昨日(おととい)	一昨日(いっさくじつ)	次(つぎ)の月(つき)	翌月(よくげつ)
今日(きょう)の朝(あさ)	今朝(けさ)	一ヶ月(いっかげつ)	一月(ひとつき)
今日(きょう)の夜(よる)	今晩(こんばん) / 今夜(こんや)	急(いそ)いで	至急(しきゅう) / 大至急(だいしきゅう) / 早急(さっきゅう)に / 早急(そうきゅう)に
昨日(きのう)の夜(よる)	昨晩(さくばん)	今(いま)すぐ	ただ今(いま)
明日(あした)の朝(あさ)	明朝(みょうちょう)	間を置(お)かないですぐに	直(ただ)ちに / 早速(さっそく)
明日(あした)の夜(よる)	明晩(みょうばん)	~したらすぐに	~次第(しだい)
さっき	先程(さきほど)	もうすぐ	まもなく
後(あと)で	後程(のちほど)	少(すこ)しの間(あいだ) ちょっと	少々(しょうしょう)
(あることよりも) 前(まえ)に / 前(まえ)もって	予(あらかじ)め	いつも	平素(へいそ)
今(いま)	現在(げんざい)	また / もう一度(いちど)	改(あらた)めて / 再度(さいど)

2) 한어동사

한자 2문자로 된 한어동사를 사용해도 공손한 표현이 되는데, 일상회화에서는 그다지 사용하지 않고, 공식적인 문서체나 비즈니스회화에서 많이 사용한다.

ホテルでは釜山(プサン)の地図(ちず)を無料(むりょう)で配布(はいふ)いたしております。
(호텔에서는 부산지도를 무료로 배포하고 있습니다.)

シャンプーは自動販売機(じどうはんばいき)にてご購入(こうにゅう)できます。
(샴푸는 자판기에서 구입할 수 있습니다.)

チェクインの手続(てつづ)きをしますので、こちらの用紙(ようし)にご記入(きにゅう)ください。
(체크인 수속을 하겠으니 이 종이에 기입해주세요.)

こちらの用紙(ようし)に記名(きめい)と捺印(なついん)をお願(ねが)いいたします。
(이 종이에 이름과 도장을 부탁드립니다.)

メールありがとうございました。拝読(はいどく)させていただきました。
(메일 감사드립니다. 읽어보았습니다.)

보통표현	공손한 표현	보통표현	공손한 표현
送(おく)る	送付(そうふ)する / 発送(はっそう)する	はんこを押(お)す	捺印(なついん)する
配(くば)る	配布(はいふ)する	薬(くすり)を飲(の)む	服用(ふくよう)する
知(し)らせる	通知(つうち)する	受(う)け取(と)る	受領(じゅりょう)する / 査収(さしゅう)する
売(う)る	発売(はつばい)する / 販売(はんばい)する	読(よ)む	拝読(はいどく)する
買(か)う	購入(こうにゅう)する	聞(き)く	拝聴(はいちょう)する
書(か)く	記入(きにゅう)する	諦(あきら)める	断念(だんねん)する
頼(たの)む	依頼(いらい)する	わかる 内容(ないよう)を理解(りかい)する	了解(りょうかい)する

(4) 틀리기 쉬운 경어 표현

1) 「お」「ご」의 붙이는 방법

今(いま)、お時間(じかん)よろしいでしょうか。(지금 시간 괜찮으세요?)

お電話(でんわ)、ありがとうございます。(전화 감사드립니다.)

お食事(しょくじ)は何時(なんじ)にご予約(よやく)いたしましょうか。(식사는 몇시로 예약해드릴까요?)

すみません、お砂糖(さとう)を取(と)っていただけますか。(죄송하지만 설탕을 집어주시겠습니까?)

원칙 ① 한자나 한자의 음독에는「ご」를 붙인다. 氏名(しめい) → ご氏名(しめい)

② 고유어나 한자의 훈독에는「お」를 붙인다. 名前(なまえ) → お名前(なまえ)

③ 외래어에는「お」,「ご」를 붙이지 않는다. メール → メール

예외 ①「ごゆっくり」「ごもっとも」와 같이 고유어에「ご」를 붙이는 것도 있다.

②「おトイレ」「おタバコ」는 외래어라도「お/ご」를 붙일 수 있다.

「おビール」「おソース」「おズボン」은 여성들이「お/ご」를 붙여 사용한다.

③ 자주 사용되는 한어는 한어의식이 없어져, 고유어처럼「お」를 붙인다.

○	×	○	×
お時間(じかん)	ご時間(じかん)	お化粧(けしょう)	ご化粧(けしょう)
お電話(でんわ)	ご電話(でんわ)	お礼(れい)	ご礼(れい)
お勉強(べんきょう)	ご勉強(べんきょう)	お洋服(ようふく)	ご洋服(ようふく)
お料理(りょうり)	ご料理(りょうり)	お出口(でぐち)	ご出口(でぐち)
お食事(しょくじ)	ご食事(しょくじ)	お洗濯(せんたく)	ご洗濯(せんたく)
お 醤油(しょうゆ)	ご醤油(しょうゆ)	お菓子(かし)	ご菓子(かし)
お砂糖(さとう)	ご砂糖(さとう)	お上手(じょうず)な	ご上手(じょうず)な
お茶(ちゃ)	ご茶(ちゃ)	お気(き)の毒(どく)な	ご気(き)の毒(どく)な

④ 공공물 · 동물 · 식물 · 날씨 · 시간 · 고유명사 등은 「**お/ご**」를 안 붙이는 게 원칙이지만, 「**お魚**」「**お花**」「**お野菜**」「**お天気**」「**お絞り**」「**お昼**」 등은 「**お/ご**」를 붙인다.

鎮海の桜はとてもきれいです。

(진해 벚꽃은 굉장히 아름답습니다.)

釜山駅前から、空港行きのバスが出ております。

(부산역 앞에서 공항행 버스가 있습니다.)

○	×
病院	お病院 / ご病院
学校	お学校 / ご学校
会社	お会社 / ご会社
駅	お駅 / ご駅
飛行機	お飛行機 / ご飛行機
道路	お道路 / ご道路

○	×
猫	お猫 / ご猫
桜	お桜 / ご桜
雨	お雨 / ご雨
朝	お朝 / ご朝
日本	お日本 / ご日本
富士山	お富士山

2) 이중경어(과잉경어)에 주의

하나의 표현에 복수의 경어를 사용하면 과잉경어가 되므로 주의를 요한다.

○ 何を召し上がりますか。(무엇을 드시겠습니까?)

× 何をお召し上がりになられますか。

「**召しあがる**」에 「**お~になる**」「**~られる**」를 연결하면 3가지 경어형태 사용이 되어 과잉경어가 된다.

3) 거친 표현에 주의

친한 친구 사이라도 비즈니스회화에서 거친 표현을 사용해서는 안 된다.

젊은이들이 사용하는 유행어나 생략된 말도 거친 인상을 준다.

○ 何を召し上がりますか。(무엇을 드시겠습니까?)

× 何をお食いになりますか。何を食われますか。

▶ 친한 친구에게는 보통표현을, 비즈니스장면에서는 공손한 표현을 사용한다.

난폭한 표현	보통표현	공손한 표현
食う	食べる	召し上がる / いただく
飯 朝飯 昼飯 晩飯	ごはん 朝ごはん 昼ごはん 晩ごはん / 夕ごはん	食事 朝食 昼食 夕食
腹が減る	お腹が空く	
男 女	男の人 女の人	男性 女性
やる	する	なさる / いたす

4) 실례가 되는 질문

질문내용이 실례가 되면, 경어를 사용해도 공손한 표현이 되지 못한다.

특히 [**나이, 학력, 수입, 직업, 가족, 연애, 체중, 종교, 결혼유무**] 등

사적인 질문을 해서는 안 된다.

★ 특히 여성한테 나이를 물어보는 것은 실례가 된다.

× おいくつでいらっしゃいますか。(몇 살 이십니까?)

× 何歳でいらっしゃいますか。(몇 살 이십니까?)

★출신대학교, 직업, 연봉을 물어보는 것은 사람을 평가하는 행동과 마찬가지이기 때문에 물어보면 상대방한테 실례가 된다.

× どちらの大学(だいがく)のご出身(しゅっしん)ですか。(어느 대학 출신이십니까?)

× どのようなお仕事(しごと)をなさっているんですか。(어떠한 일을 하고 계십니까?)

× お父様(とうさま)はどのようなお仕事(しごと)をなさっているんですか。
(부친은 어떠한 일을 하고 계십니까?)

× お給料(きゅうりょう)はどのくらいですか。(급여는 어느 정도입니까?)

★특히 여성한테 개인적인 내용을 물어보는 것은 상스러운 행동이 된다.

× 恋人(こいびと)はいらっしゃいますか。(애인은 있습니까?)

× ご結婚(けっこん)なさっていますか。(결혼은 하셨습니까?)

× お子様(こさま)はいらっしゃいますか。(자녀는 있습니까?)

★체형에 신경 쓰는 사람한테 사적인 내용은 실례가 된다.

× 体重(たいじゅう) はどのくらいですか。(체중은 어느 정도입니까?)

★일본인한테는 종교가 큰 의미를 가지지 않기 때문에 이런 질문은 혼란스러울 뿐이다. 사정상 질문이 필요할 경우는 전치표현(クッション言葉)과 함께 허가를 구하는 표현을 사용한다.

× 宗教(しゅうきょう)は何(なん)ですか。(종교는 무엇입니까?)

もし失礼(しつれい)でなければ、年齢(ねんれい)をお聞(き)きしてもかまわないでしょうか。* 칼럼C
(만약 실례가 안 된다면 나이를 물어도 괜찮을까요?)

칼럼 C　여러 가지 전치표현(クッション言葉)

すみませんが	죄송합니다만
申し訳ございませんが	송구합니다만
失礼ですが	실례합니다만
恐れ入りますが	황송합니다만
恐縮ですが	죄송합니다만
ご面倒をお掛けしますが	폐를 끼쳐드려 미안합니다만
お手数ですが	수고스럽지만

第5課　공항 서비스

第5課 공항 서비스

기본회화 1　【체크인(출국) 카운터】

グランドスタッフ：こんにちは。
パスポートとチケットをお願いいたします。

お客様：はい。

グランドスタッフ：鈴木ゆき様、大韓航空703便、成田行きですね。
お席は窓側と通路側どちらにいたしましょうか。

お客様：窓側でお願いします。

グランドスタッフ：かしこまりました。お預けになるお荷物はございますか。

お客様：はい。

グランドスタッフ：お一つでよろしいですか。

お客様：はい。

グランドスタッフ：中に、危険物や貴重品、壊れやすい物はございませんでしょうか。

お客様：はい。大丈夫です。

グランドスタッフ：では、お荷物はこちらへお願いします。
こちらが座席番号で、搭乗口は6番でございます。
出発の20分前までに搭乗口までお越しくださいませ。

지상직 직원 : 안녕하세요. 여권과 티켓을 부탁드립니다.
승 객 : 네.
지상직 직원 : 스즈키 유키 님, 대한항공703편, 나리타행이시네요.
좌석은 창가와 통로석 중 어느 쪽으로 하시겠습니까?
승 객 : 창가로 부탁합니다.
지상직 직원 : 알겠습니다. 맡기실 짐은 있으신가요?
승 객 : 네.
지상직 직원 : 하나면 괜찮으신가요?
승 객 : 네.
지상직 직원 : 안에 위험물이나 귀중품, 깨지기 쉬운 물건은 없으신가요?
승 객 : 네. 괜찮아요.
지상직 직원 : 그럼 짐은 이쪽에 주시기 바랍니다.
이쪽이 좌석번호고 탑승구는 6번입니다.
출발 20분 전까지 탑승구로 와주시기 바랍니다.

기본어휘와 기본표현

1)	パスポート	여권	2)	チケット	티켓
3)	~便(びん)	~편	4)	~行(ゆ)き	~행
5)	窓側(まどがわ)	창가	6)	通路側(つうろがわ)	통로 측(석)
7)	預(あず)ける	맡기다	8)	荷物(にもつ)	짐
9)	お1(ひと)つ	하나	10)	危険物(きけんぶつ)	위험물
11)	貴重品(きちょうひん)	귀중품	12)	壊(こわ)れやすい	깨지기 쉽다
13)	物(もの)	물건	14)	こちら	이쪽
15)	座席番号(ざせきばんごう)	좌석번호	16)	搭乗口(とうじょうぐち)	탑승구
17)	出発(しゅっぱつ)	출발	18)	~前(まえ)	~전
19)	~まで	~까지	20)	お越(こ)し	오심, 가심

パスポートをお願(ねが)いします。(여권을 부탁드립니다.)

KE118便(びん)、大阪(おおさか)行(ゆ)きですね。(KE118편, 오사카행이시네요.)

JL507便(びん)、仁川(インチョン)行(ゆ)きのお客様(きゃくさま)はこちらにお願(ねが)いします。
(JL507편, 인천행의 승객은 이쪽에 오십시오.)

窓側(まどがわ)と通路側(つうろがわ)どちらがよろしいですか。(창가와 통로석 중 어느 쪽이 좋으신가요?)

壊(こわ)れやすい物(もの)はございますか。(깨지기 쉬운 물건은 있으신가요?)

お預(あず)けになるお荷物(にもつ)はお1(ひと)つでよろしいですか。(맡기실 짐은 하나인가요?)

표현 차이에 유의하자!

1(ひと)つ, 2(ふた)つ (서비스 일본어로 사용 불가) → **お1(ひと)つ, お2(ふた)つ**

※「3(みっ)つ」이후에는「お」를 붙지 않다. お3(みっ)つ, お4(よっ)つ… (×)

出発(しゅっぱつ)の20分前(ぷんまえ)までに搭乗口(とうじょうぐち)にお越(こ)しください。(출발 20분 전까지 탑승구로 와주시기 바랍니다.)

기본회화 2 【탑승구】

グランドスタッフ： 大韓航空(だいかんこうくう)より、ご案内申(あんないもう)し上(あ)げます。
大韓航空(だいかんこうくう)、703便(ななまるさんびん)、成田行(なりたゆ)きは、
ただ今(いま)より搭乗(とうじょう)を開始(かいし)いたします。
大韓航空(だいかんこうくう)、703便(ななまるさんびん)、成田行(なりたゆ)きをご利用(りよう)のお客様(きゃくさま)は、
6番搭乗口(ばんとうじょうぐち)までお越(こ)しくださいませ。

지상직 직원 : 대한항공에서 안내말씀 드립니다.
대한항공 703편, 나리타행 비행기는 지금부터 탑승을 시작합니다.
대한항공 703편, 나리타행을 이용하시는 승객께서는
6번 탑승구로 와주시기 바랍니다.

기본어휘와 기본표현

1)	航空(こうくう)	항공	2)	案内(あんない)	안내
3)	申(もう)し上(あ)げる	말씀드리다	4)	ただ今(いま)	지금
5)	搭乗(とうじょう)	탑승	6)	開始(かいし)	개시
7)	お客様(きゃくさま)	손님, 승객	8)	利用(りよう)	이용
9)	到着(とうちゃく)	도착	10)	遅(おく)れる	지연되다
11)	当機(とうき)	해당 항공기	12)	シャトルバス	셔틀 버스

アシアナ航空(こうくう)より、お客様(きゃくさま)のお呼(よ)び出(だ)しを申(もう)し上(あ)げます。

(아시아나항공에서 승객님을 찾습니다.)

ご案内(あんない)します。

(안내해 드리겠습니다.)

ただ今(いま)、飛行機(ひこうき)の到着(とうちゃく)が遅(おく)れております。

(지금 비행기 도착이 지연되고 있습니다.)

搭乗(とうじょう)を開始(かいし)いたします。

(탑승을 시작하겠습니다.)

当機(とうき)をご利用(りよう)のお客様(きゃくさま)にご案内申(あんないもう)し上(あ)げます。

(해당 항공기를 이용하시는 승객님께 안내 말씀 드립니다.)

기본회화 3 【기내】

乗務員：ただ今より入国書類をお持ちいたします。
お手元にお持ちでないお客様は、
乗務員にお声掛けくださいませ。

お客様：すみません。

乗務員：はい。お待たせいたしました。日本のお客様ですね。
こちらが 税関申告書でございます。どうぞ。

お客様：ありがとうございます。

・・・(少し後で)・・・

乗務員：ただ今よりお食事をお渡しいたします。
お客様、どうぞ。(お食事を渡して)
お飲み物は何になさいますか。

お客様：コーヒーでお願いします。

乗務員：アイスとホットがございますが、
どちらにいたしましょうか。

お客様：じゃあ、ホットで。

乗務員：かしこまりました。
こちらでございます。

승무원 : 지금부터 입국서류를 나눠드리겠습니다.
소지하지 않으신 승객께서는 승무원을 불러주시기 바랍니다.

승　객 : 저기요.

승무원 : 네. 기다려주셔서 감사합니다. 일본에서 오시는 고객님이시군요.
이쪽이 세금신고서입니다. 받으십시오.

승　객 : 감사합니다.

… (잠시 뒤) …

승무원 : 지금부터 식사를 나눠드리겠습니다.
손님 받으십시오. (식사를 드리고)
음료는 어떤 걸로 하시겠습니까?

승　객 : 커피로 주세요.

승무원 : 차가운 것과 따뜻한 것이 있습니다만, 어떤 걸로 하시겠습니까?

승　객 : 그럼, 따뜻한 것으로 주세요.

승무원 : 알겠습니다.
여기 있습니다.

기본어휘와 기본표현

1)	入国(にゅうこく)	입국	2)	書類(しょるい)	서류
3)	手元(てもと)	수중, 소지	4)	乗務員(じょうむいん)	승무원
5)	お声掛け(こえが)	부르기, 말을 걸기	6)	どちら	어느 쪽
7)	入国カード(にゅうこく)	입국신고서	8)	税関申告書(ぜいかんしんこくしょ)	세금신고서
9)	食事(しょくじ)	식사	10)	渡す(わた)	건네다, 배부하다
11)	飲み物(のもの)	음료	12)	何に(なに)	무엇으로
13)	なさる	하시다	14)	アイスコーヒー	아이스커피
15)	紅茶(こうちゃ)	홍차	16)	ホットコーヒー	따뜻한 커피
17)	よろしい	괜찮으시다	18)	かしこまりました	알겠습니다

入国書類(にゅうこくしょるい)はございますか。(입국서류는 가지고 계신가요?)

乗務員(じょうむいん)にお声掛け(こえが)ください。(승무원을 불러주세요.)

お飲み物(のもの)は何(なに)になさいますか。(음료는 어떤 걸로 하시겠습니까?)

そうですか。かしこまりました。(그렇습니까? 알겠습니다.)

문형연습

(1)「お / ご~ください (ませ)。」~해 주십시오.

· 6番搭乗口までお越しくださいませ。(6번 탑승구까지 와 주십시오.)

· 乗務員にお声掛けくださいませ。(승무원에게 얘기해 주십시오.)

· 案内デスクまでご連絡くださいませ。(안내데스크까지 연락해 주십시오.)

연습

밑줄 친 부분을 「**お/ご~ください(ませ)**」 문형으로 고쳐 문장을 완성하시오.

① 飛行機に搭乗してください。

→

② 乗務員に不便なことを知らせてください。

→

③ 8番窓口まで来てください。

→

(2)「お/ご~いたしましょうか。」 ~해 드릴까요?

- お席(せき)は窓側(まどがわ)と通路側(つうろがわ)どちらにいたしましょうか。
  (좌석은 창가 쪽과 통로 쪽 어느쪽으로 해드릴까요?)
- 日本(にほん)のものと韓国(かんこく)のものがございますが、どちらにいたしましょうか。
  (일본산과 한국산이 있는데, 어느쪽으로 해드릴까요?)
- お荷物(にもつ)をお預(あず)かりいたしましょうか。(짐을 맡아드릴까요?)

연습

밑줄 친 부분을「**お/ご~いたしましょうか**」문형으로 고쳐 문장을 완성하시오.

① お飲(の)み物(もの)を渡(わた)しましょうか。

→

② お荷物(にもつ)の移動(いどう)を手伝(てつだ)いましょうか。

→

③ お席(せき)まで案内(あんない)しましょうか。

→

회화연습

(1) 승객의 탑승수속을 해 봅시다!

지상직 직원 : こんにちは。パスポートとチケットをお願(ねが)いいたします。

승　객　　 : はい。

지상직 직원 : (　①　)様(さま)、(　②　)便(びん)、(　③　)行(ゆ)きですね。
お席(せき)は窓側(まどがわ)と通路側(つうろがわ)どちらにいたしましょうか。

승　객　　 : (　④　)の席(せき)でお願(ねが)いします。

지상직 직원 : かしこまりました。お預(あず)けになるお荷物(にもつ)はございますか。

승　객　　 : はい。

지상직 직원 : (　⑤　)でよろしいですか。

승　객　　 : はい。

지상직 직원 : 中(なか)に、危険物(きけんぶつ)や貴重品(きちょうひん)、壊(こわ)れやすい物(もの)は
ございませんでしょうか。

승　객　　 : はい。大丈夫(だいじょうぶ)です。

지상직 직원 : では、お荷物(にもつ)はこちらへお願(ねが)いします。
こちらが座席番号(ざせきばんごう)で、搭乗口(とうじょう)は(　⑥　)番(ばん)でございます。
出発(しゅっぱつ)の20分前(ぶんまえ)までに搭乗口(とうじょうぐち)までお越(こ)しくださいませ。

I	
①손님 성함	佐藤(さとう)まみ
②편명	大韓航空(だいかんこうくう)605
③목적지	仁川(インチョン)
④희망하시는 자리	窓側(まどがわ)
⑤맡기시는 짐 개수	お2(ふた)つ
⑥탑승구 번호	12

II	
①お客様(きゃくさま)のお名前(なまえ)	田中(たなか)ひろき
②便名(びんめい)	日本航空(こうくう)137
③行(ゆ)き先(さき)	大阪(おおさか)
④希望(きぼう)の席(せき)	通路側(つうろがわ)
⑤荷物(にもつ)の数(かず)	お1(ひと)つ
⑥搭乗口番号(とうじょうぐちばんごう)	24

(2) 탑승 안내를 해 봅시다!

지상직 직원 : (①)より、ご案内申し上げます。
(①)、(②)便、(③)行きは,
ただ今より搭乗を開始いたします。
(①)、(②)便、(③)行きを
ご利用のお客様は(④)番搭乗口までお越しくださいませ。

I	
①항공회사	**アシアナ航空**
②편명	**OZ605**
③목적지	**金浦**
④탑승구 번호	**21**

II	
①航空会社	**ANA航空**
②便名	**AN137**
③行き先	**福岡**
④搭乗口番号	**11**

III	
①航空会社	**エアプサン**
②便名	**BX605**
③行き先	**釜山**
④搭乗口番号	**3**

IV	
①航空会社	**ピーチエアー**
②便名	**MM137**
③行き先	**大阪**
搭乗口番号	**9**

(3) 기내서비스를 해 봅시다!

승무원 ：ただ今(いま)より入国書類(にゅうこくしょるい)をお持(も)ちいたします。お手元(てもと)にお持(も)ちでないお客様(きゃくさま)は、乗務員(じょうむいん)にお声掛(こえが)けくださいませ。

승 객 ：すみません。

승무원 ：はい。お待(ま)たせいたしました。日本(にほん)のお客様(きゃくさま)ですね。

승 객 ：はい。

승무원 ：こちらが入国(にゅうこく)カードと税関申告書(ぜいかんしんこくしょ)でございます。どうぞ。

승 객 ：ありがとうございます。

・・・(少(すこ)し後(あと)で)・・・

승무원 ：ただ今(いま)よりお食事(しょくじ)をお渡(わた)しいたします。
お客様(きゃくさま)、どうぞ。(お食事(しょくじ)を渡(わた)して)
お飲(の)み物(もの)は何(なに)になさいますか。

승 객 ：(①)でお願(ねが)いします。

승무원 ：(②)と(③)がございますが、どちらにいたしましょうか。

승 객 ：じゃあ、(② / ③)で。

승무원 ：かしこまりました。こちらでございます。

Ⅰ	
①드시는 음료	ワイン
②음료 상태	赤(あか)
③음료 상태	白(しろ)

Ⅱ	
①飲(の)み物(もの)	コーヒー
②どんなもの	冷(つめ)たいもの
③どんなもの	あたたかいもの

第6課　호텔 서비스

第6課　호텔 서비스

기본회화 1　【전화예약을 받다①】

フロント　：お電話ありがとうございます。ロッテホテルでございます。

お客様　：あの、10月の29日から2泊予約したいのですが。

フロント　：かしこまりました。何名様のご利用でしょうか。

お客様　：2人です。

フロント　：かしこまりました。ご希望のお部屋はございますか。

お客様　：ツインルームでお願いします。

フロント　：かしこまりました。お部屋は禁煙と喫煙がございますが、
どちらがよろしいでしょうか。

お客様　：禁煙でお願いします。

프런트 : 전화 주셔서 감사합니다. 롯데호텔입니다.

손 님 : 저기, 10월 29일부터 2박 예약을 하고 싶은데요.

프런트 : 알겠습니다. 몇 분이서 이용하시나요?

손 님 : 2명입니다.

프런트 : 알겠습니다. 원하시는 방은 있으신가요?

손 님 : 트윈룸으로 해주세요.

프런트 : 알겠습니다. 방은 금연실과
흡연실이 있습니다만,
어느 쪽으로 해드릴까요?

손 님 : 금연실로 해주세요.

기본어휘와 기본표현

1)	電話(でんわ)	전화	2)	～でございます	～입니다
3)	予約(よやく)	예약	4)	何名様(なんめいさま)	몇 분
5)	利用(りよう)	이용, 사용	6)	ご希望(きぼう)の～	희망하시는～
7)	部屋(へや)	방	8)	ツインルーム	트윈룸
9)	ダブルルーム	더블룸	10)	シングルルーム	싱글룸
11)	スイートルーム	스위트룸	12)	かしこまりました	알겠습니다
13)	禁煙(きんえん)	금연	14)	喫煙(きつえん)	흡연
15)	朝食(ちょうしょく)メニュー	조식 메뉴	16)	価格(かかく)	가격

お電話(でんわ)ありがとうございます。(전화 주셔서 감사합니다.)

何名様(なんめいさま)でいらっしゃいますか。(몇 분이서 오시나요?)

ご希望(きぼう)のお部屋(へや)はございますか。(원하시는 방 있으신가요?)

シングルルームでよろしいでしょうか。(싱글룸으로 괜찮으신가요?)

サウナはご利用(りよう)でしょうか。(사우나는 이용하시나요?)

当(とう)ホテルの朝食(ちょうしょく)メニューの価格(かかく)は1,000円(えん)でございます。
(우리 호텔의 조식 메뉴 가격은 1,000엔입니다.)

기본회화 2　【전화예약을 받다②】

フロント　：かしこまりました。朝食(ちょうしょく)はお付(つ)けいたしましょうか。

お客様(きゃくさま)　：お願(ねが)いします。

フロント　：それでは、最後(さいご)にご予約(よやく)をされる方(かた)のお名前(なまえ)を
お伺(うかが)いしてもよろしいでしょうか。

お客様(きゃくさま)　：はい。鈴木(すずき)です。

フロント　：かしこまりました。では、鈴木様(すずきさま)、10月(がつ)の29日(にち)から2泊(はく)、
2名様(めいさま)で、禁煙(きんえん)のツインルーム、朝食付(ちょうしょくつ)きで
お間違(まちが)えないでしょうか。

お客様(きゃくさま)　：はい。大丈夫(だいじょうぶ)です。

フロント　：それでは、チェックインは当日(とうじつ)の午後(ごご)3時(じ)から可能(かのう)です。
お客様(きゃくさま)のお越(こ)しを心(こころ)よりお待(ま)ちしております。失礼(しつれい)いたします。

お客様(きゃくさま)　：よろしくお願(ねが)いします。失礼(しつれい)します。

프런트 : 알겠습니다. 조식은 포함해 드릴까요?

손 님 : 네. 부탁합니다.

프런트 : 그럼, 마지막으로 예약하시는 분 성함을 여쭤봐도 괜찮을까요?

손 님 : 네. 스즈키입니다.

프런트 : 알겠습니다. 그럼, 스즈키님. 10월 29일부터 2박,
두 분이시고 조식 포함에 금연실 트윈룸 맞으신가요?

손 님 : 네. 맞습니다.

프런트 : 그럼, 체크인은 당일 오후 3시부터 가능합니다.
고객님의 방문을 진심으로 기다리고 있겠습니다.
실례하겠습니다.

손 님 : 잘 부탁합니다. 실례하겠습니다.

기본어휘와 기본표현

1)	朝食(ちょうしょく)	조식(아침식사)	2)	付(つ)ける	포함, 붙이다
3)	予約(よやく)	예약	4)	お名前(なまえ)/ご氏名(しめい)	성함
5)	伺(うかが)う	방문하다, 묻다	6)	大丈夫(だいじょうぶ)だ	괜찮다, 틀림없다
7)	~名様(めいさま)	~분	8)	朝食付(ちょうしょくつ)き	조식포함
9)	チェックイン	체크인	10)	チェックアウト	체크아웃
11)	当日(とうじつ)	당일	12)	可能(かのう)	가능
13)	お越(こ)し	오심, 가심	14)	心(こころ)より	마음으로부터

ご予約(よやく)のお名前(なまえ)をお伺(うかが)いしてもよろしいでしょうか。

(예약하시는 분 성함 말씀해 주세요.)

표현 차이에 유의하자!

ご予約(よやく)のお名前(なまえ)を聞(き)いてもよろしいでしょうか。: 서비스가 충분하지 않은 느낌

ご予約(よやく)のお名前(なまえ)を教(おし)えていただけませんでしょうか。: 사무적인 느낌

ご予約(よやく)のお名前(なまえ)を教(おし)えていただけますでしょうか。: 사무적인 느낌

ご予約(よやく)のお名前(なまえ)をお願(ねが)いします。: 서비스가 충분한 느낌

ご予約(よやく)のお名前(なまえ)を伺(うかが)ってもよろしいでしょうか。: 서비스가 충분한 느낌

ご予約(よやく)のお名前(なまえ)をお伺(うかが)いしてもよろしいでしょうか。: 서비스가 충분한 느낌

3名様(めいさま)でいらっしゃいますね。(세 분이시군요.)

朝食付(ちょうしょくつ)きでよろしかったでしょうか。(조식포함으로 괜찮으세요?)

お客様(きゃくさま)のお越(こ)しを心(こころ)よりお待(ま)ちしております。

(고객님이 오시는 걸 진심으로 기다리고 있겠습니다.)

기본회화 3 【프런트】

フロント　：お客様お待たせいたしました。

お客様　：今日から2泊で予約した鈴木ですが。

フロント　：鈴木様、この度は当ホテルをご利用いただき誠にありがとうございます。

ご予約では、本日より2泊2名様で、禁煙のツインルーム、朝食付きで承っておりますが、よろしかったでしょうか。

お客様　：はい。大丈夫です。

フロント　：それでは、念のためお客様の情報をこちらの用紙にご記入ください。

お客様　：はい。

・・・(用紙に記入)・・・

お客様　：できました。

フロント　：ありがとうございます。

では、お客様のお部屋にご案内いたします。

お部屋は508号室でございます。

外出の際はフロントに鍵をお預けください。

お客様　：はい。

프런트 : 고객님, 기다려주셔서 감사합니다.

손 님 : 오늘부터 2박 예약한 스즈키입니다만

프런트 : 스즈키 님, 이번에 저희 호텔을 이용해 주셔서 대단히 감사드립니다.
예약 하실 때, 오늘부터 2박 두분으로, 금연 트윈룸, 조식 포함으로
예약 받았습니다만, 틀림없나요?

손 님 : 네. 괜찮습니다.

프런트 : 그럼, 만일을 위해서 고객님의 정보를 이 종이에 적어주시기 바랍니다.

손 님 : 네.

…(종이에 기입)…

손 님 : 다 됐습니다.

프런트 : 감사합니다. 그럼, 고객님의 방을 안내해 드리겠습니다.
방은 508호실입니다. 외출하실 땐 프런트에 열쇠를 맡겨주세요.

손 님 : 네.

기본어휘와 기본표현

1)	お待たせ致しました	기다려 주셔서 감사합니다	2)	この度	이번에
3)	当ホテル	저희 호텔	4)	くださる	주시다
5)	誠に	대단히, 정말로	6)	本日	오늘
7)	承る	받다, 듣다	8)	念のため	만일을 위해
9)	情報	정보	10)	用紙	용지, 종이
11)	外出	외출	12)	～の際	～때
13)	鍵	열쇠	14)	預ける	맡기다

田中様、お待たせ致しました。(다나카님 기다려 주셔서 감사합니다.)

この度は当ホテルをご利用くださり誠にありがとうございます。

(이번에 저희 호텔을 이용해 주셔서 진심으로 감사합니다.)

本日から3泊でいらっしゃいますね。(오늘부터 3박이시군요.)

念のためお客様の情報を確認させていただきます。

(만일을 위해 고객님의 정보를 확인하겠습니다.)

外出の際はフロントに鍵をお預けくださいませ。

(외출하실 땐 프런트에 열쇠를 맡겨주시기 바랍니다.)

문형연습

(1)「～でよろしいでしょうか。」～(으)로 괜찮을까요? (제안)

・お部屋(へや)は禁煙(きんえん)と喫煙(きつえん)がございますが、どちらがよろしいでしょうか。
(방은 흡연실과 금연실이 있는데 어느 쪽이 좋을까요?)

・お支払(しはら)いは現金(げんきん)でよろしいでしょうか。
(지불은 현금으로 괜찮을까요?)

・チェックインのお時間(じかん)は午後(ごご)5時(じ)でよろしいでしょうか。
(체크인 시간은 오후5시로 괜찮을까요?)

연습

밑줄 친 부분을「～でよろしいでしょうか」문형으로 고쳐 문장을 완성하시오.

① お部屋(へや)は喫煙(きつえん)でいいですか。

→

② 朝食付(ちょうしょくつ)きのプランでいいですか。

→

③ シングルルームでいいですか。

→

(2) 「～でよろしかったでしょうか。」 ～(으)로 괜찮으시겠습니까? (재차 확인)

· 本日(ほんじつ)より2泊(はく)2名様(めいさま)で、禁煙(きんえん)のツインルーム、朝食付(ちょうしょくつ)きでよろしかったでしょうか。

(오늘부터 2박 두분으로, 금연 트윈룸 조식 포함으로 괜찮으시겠습니까?)

· 10月(がつ)29日(にち)のご予約(よやく)でよろしかったでしょうか。

(10월29일 예약으로 괜찮으시겠습니까?)

· スイートルームのご予約(よやく)でよろしかったでしょうか。

(스위트룸 예약으로 괜찮으시겠습니까?)

연습

밑줄 친 부분을 「**～でよろしかったでしょうか**」 문형으로 고쳐 문장을 완성하시오.

① 本日(ほんじつ)より４泊(はく)でよかったですか。

→

② 2名様(めいさま)で喫煙(きつえん)のダブルルームでよかったですか。

→

③ 朝食(ちょうしょく)はなしでよかったですか。

→

회화연습

(1) 손님의 전화예약을 받아봅시다!

프런트 : お電話(でんわ)ありがとうございます。(①)ホテルでございます。

손　님 : あの、(②)から(③)予約(よやく)したいのですが。

프런트 : かしこまりました。何名様(なんめいさま) のご利用(りよう)でしょうか。

손　님 : (④)人です。

프런트 : かしこまりました。ご希望(きぼう)のお部屋(へや)はございますか。

손　님 : (⑤)でお願(ねが)いします。

프런트 : かしこまりました。お部屋(へや)は禁煙(きんえん)と喫煙(きつえん)がございますが、
どちらがよろしいでしょうか。

손　님 : (⑥)でお願(ねが)いします。

프런트 : かしこまりました。朝食(ちょうしょく)はお付(つ)けいたしましょうか。

손　님 : お願(ねが)いします。/ いいえ、結構(けっこう)です。

프런트 : それでは、最後(さいご)にご予約(よやく)をされる方(かた)のお名前(なまえ)をお伺(うかが)いしても
よろしいでしょうか。

손　님 : はい。(⑦)です。

프런트 : かしこまりました。では、(⑦)様(さま)、(②)から(③)、
(④)名様(めいさま)で、(⑥)の(⑤)、(⑧)でお間違(まちが)え
ないでしょうか。

손　님 : はい。大丈夫(だいじょうぶ)です。

프런트 ：それでは、チェックインは当日(とうじつ)の午後(ごご)3時(じ)から可能(かのう)です。
お客様(きゃくさま)のお越(こ)しを心(こころ)よりお待(ま)ちしております。
失礼(しつれい)いたします。

손　님 ：失礼(しつれい)いたします。

Ⅰ	
①호텔명	**シーラ**
②숙박 개시일	**2月(がつ)の14日(じゅうよっか)**
③몇 박 하시는지	**1泊(ぱく)**
④숙박 인원수	**2**
⑤희망하시는 방	**ダブルルーム**
⑥금연인지 흡연인지	**禁煙(きんえん)**
⑦손님 성함	**武田(たけだ)**
⑧조식 포함인지	**朝食付(ちょうしょくつ)き**

Ⅱ	
①ホテル名(めい)	**東横(とうよこ)イン**
②宿泊(しゅくはく)する日付(ひづけ)	**5月(がつ)の3日(みっか)**
③何泊(なんはく)	**3泊(ぱく)**
④宿泊人数(しゅくはくにんずう)	**1**
⑤ご希望(きぼう)の部屋(へや)	**シングルルーム**
⑥禁煙(きんえん)か喫煙(きつえん)か	**喫煙(きつえん)**
⑦お客様(きゃくさま)のお名前(なまえ)	**大島(おおしま)**
⑧朝食付(ちょうしょくつ)きかなしか	**朝食(ちょうしょく)なし**

(2) 손님의 체크인 수속을 해 봅시다 !

프런트 : お客様お待たせ致しました。

손　님 : 今日から(①)で予約しました(②)ですが。

프런트 : (②)様、この度は当ホテルをご利用くださり
誠にありがとうございます。
ご予約では、本日より(①)(③)名様 で、(④)の(⑤)、
(⑥)で 承 っておりますが、よろしかったでしょうか。

손　님 : はい。大丈夫です。

프런트 : それでは、念のためお客様の情報をこちらの用紙に
お書きください。

손　님 : はい。

・・・(用紙に書く)・・・

손　님 : できました。

프런트 : ありがとうございます。
では、お客様のお部屋にご案内いたします。
お部屋は(⑦)号室でございます。
外出の際はフロントに鍵をお預けください。

손　님 : はい。

I	
①몇 박 하시는지	**1泊**
②손님 성함	**武田**
③숙박 인원수	**2人**
④금연인지 흡연인지	**禁煙**
⑤희망하시는 방	**ダブルルーム**
⑥조식 포함인지	**朝食付き**
⑦방 번호	**9 4 0**

Ⅱ	
①何泊	**3泊**
②お客様のお名前	**大島**
③宿泊人数	**1人**
④禁煙か喫煙	**喫煙**
⑤ご希望の部屋	**シングルルーム**
⑥朝食付きかなしか	**朝食なし**
⑦部屋 番	**307**

第7課　판매(면세점) 서비스

第7課　판매(면세점) 서비스

기본회화 1　【매장 안내】

店　員：いらっしゃいませ。
本日はロッテ免税店にお越しくださり
誠にありがとうございます。

お客様：すみません。

店　員：はい。いかがなさいましたか。

お客様：化粧品売り場はどこですか。

店　員：化粧品売り場は、こちらをまっすぐ進んでいただいて、
左手にございます。

お客様：ありがとうございます。
ちなみに、キムチや海苔などのお土産もありますか。

店　員：申し訳ございません。
そちらは免税フロアでのお取り扱いがございませんので、
地下1階食料品売り場でお買い求めください。

お客様：はい。
わかりました。
ありがとうございます。

점 원 : 어서 오세요.
오늘 롯데면세점을 방문해주셔서 대단히 감사드립니다.

손 님 : 저기요.

점 원 : 네. 무슨 일이세요?

손 님 : 화장품 매장은 어디인가요?

점 원 : 화장품 매장은, 이 앞쪽으로 쭉 가셔서 왼쪽에 있습니다.

손 님 : 감사합니다.
덧붙여서, 김치나 김 등 선물상품도 있나요?

점 원 : 죄송합니다.
그것은 면세 매장에는 없어서, 지하1층 식품매장에서 구매해 주십시오.

손 님 : 네. 알겠습니다.
감사합니다.

기본어휘와 기본표현

1)	免税店	면세점	2)	お越しくださる	와 주시다
3)	いかが	어떻게(무슨)	4)	なさる	하시다
5)	化粧品	화장품	6)	お酒	술
7)	香水	향수	8)	洋服	양복
9)	紳士服	남성복	10)	婦人服	여성복
11)	ブランド物	브랜드 물건	12)	トイレ / お手洗い	화장실
13)	売り場	판매장	14)	こちら	이쪽
15)	まっすぐ	곧장, 쭉	16)	進む	나아가다
17)	右手 / 左手	오른쪽 / 왼쪽	18)	お土産	선물
19)	海苔	김	20)	申し訳ございません。	죄송합니다.
21)	お取り扱い	취급	22)	お買い求めください。	구매해 주십시오.

当店にお越しくださり、誠にありがとうございます。

(저희 가게에 와 주셔서 진심으로 감사드립니다.)

いかがなさいましたか。(무슨 일이세요?)

표현 차이에 유의하자!

どうしましたか。: 일반적인 정중한 표현

どうなさいましたか。: 사무적인 비즈니스 표현

いかがなさいましたか。: 아주 정중한 서비스 표현

お酒、おタバコは7階にございます。(술, 담배는 7층에 있습니다.)

紳士服売り場は6階にございます。(남성복 매장은 6층에 있습니다.)

お手洗いは、まっすぐ進んで右手にございます。(화장실은 쭉 가셔서 오른쪽에 있습니다.)

기본회화 2 【상품설명】

店員(てんいん)：いらっしゃいませ。何(なに)かお探(さが)しのものはございますでしょうか。

お客様(きゃくさま)：はい。リップを見(み)たいんですが。

店員(てんいん)：リップでございますね。
(掌(てのひら)で指(さ)しながら)リップはこちらでございます。

お客様(きゃくさま)：ありがとうございます。おすすめのものはありますか。

店員(てんいん)：最近(さいきん)は、こちらの明(あか)るいレッドのマットな仕上(しあ)がりのものが人気(にんき)でございます。

お客様(きゃくさま)：そうですか。では、それをください。

店員(てんいん)：かしこまりました。

점원 : 어서 오세요. 뭔가 찾으시는 거 있으세요?

손님 : 네. 립스틱을 보고 싶은데요.

점원 : 립스틱 말씀이세요?
(손바닥으로 가리키면서) 립스틱은 이쪽에 있습니다.

손님 : 감사합니다. 추천제품은 있나요?

점원 : 최근에는 이쪽의 밝은 레드에 매트한 마무리를 가진 제품이 인기입니다.

손님 : 그런가요. 그럼, 그거 주세요.

점원 : 알겠습니다.

기본어휘와 기본표현

1)	いらっしゃいませ	어서오세요	2)	何(なに)か	뭔가
3)	お探(さが)しのもの	찾으시는 것	4)	リップ	립스틱
5)	ファンデーション	파운데이션	6)	チーク	치크
7)	マスカラ	마스카라	8)	アイブロウ	아이브로우
9)	アイシャドウ	아이섀도우	10)	アイライナー	아이라이너
11)	財布(さいふ)	지갑	12)	トートバッグ	토트백
13)	ショルダーバッグ	숄더백	14)	おすすめのもの	추천제품
15)	明(あか)るい	밝다	16)	暗(くら)い	어둡다
17)	マットだ (ツヤがない)	매트하다 (윤기가 없다)	18)	ツヤがある	윤기가 있다
19)	仕上(しあ)がり	마무리	20)	人気(にんき)だ	인기 있다

何(なに)かお探(さが)しのものはございますか。(뭔가 찾으시는 거 있으세요?)

ファンデーションを見(み)たいんですが。(파운데이션을 좀 보고 싶은데요)

チークをつけてみてもいいですか。(치크를 테스트 해봐도 되나요?)

あの財布(さいふ)を近(ちか)くで見(み)せてもらえますか。(저 지갑을 가까이서 볼 수 있을까요?)

こちらのリップは、ツヤがある仕上(しあ)がりになっております。
(이 립스틱은 윤기 있는 마무리가 됩니다.)

기본회화 3 【계산】

お客様(きゃくさま)：お会計(かいけい)お願(ねが)いします。

店員(てんいん)：かしこまりました。お会計(かいけい)はこちらでお伺(うかが)いします。

お客様(きゃくさま)：はい。

店員(てんいん)：それではお手数(てすう)をおかけしますが、
お客様(きゃくさま)のパスポートとチケットを拝見(はいけん)しても
よろしいでしょうか。

お客様(きゃくさま)：はい。これです。

店員(てんいん)：ありがとうございます。
それでは、こちらのリップスティックお一(ひと)つで、
お会計(かいけい)30,000ウォンになりますが、
お支払(しはら)いは円(えん)でなさいますか。
ウォンでなさいますか。

お客様(きゃくさま)：円(えん)でお願(ねが)いします。あと、支払(しはら)いはクレジットカードで。

店員(てんいん)：かしこまりました。
こちらは、ご一括払(いっかつばら)いでよろしいでしょうか。

お客様(きゃくさま)：はい。大丈夫(だいじょうぶ)です。

店員(てんいん)：それでは、こちらパスポートとチケット、
クレジットカードと、商品(しょうひん)でございます。
ありがとうございました。

손님 : 계산해주세요.

점원 : 네. 계산은 이쪽에서 도와드리겠습니다.

손님 : 네.

점원 : 그럼 죄송합니다만,
고객님의 여권과 티켓을 보여주시겠습니까?

손님 : 네. 여기 있습니다.

점원 : 감사합니다.
그럼, 이 립스틱 하나로 30,000원입니다만,
계산은 엔으로 하시겠습니까? 원으로 하시겠습니까?

손님 : 엔으로 해주세요. 그리고 카드로 계산 할게요.

점원 : 알겠습니다. 일시불 괜찮으세요?

손님 : 네. 괜찮습니다.

점원 : 그럼, 여권과 티켓, 신용카드 상품 여기 있습니다.
감사합니다.

기본어휘와 기본표현

1)	会計(かいけい)	계산	2)	お伺(うかが)いする	여쭈다, 방문하다
3)	お手数(てすう) おかけしますが	수고를 끼치겠습니다만	4)	拝見(はいけん)する	보다, 읽다
5)	ひとつ	하나, 한 개	6)	支払(しはら)い	계산, 지불
7)	円(えん)	엔	8)	ウォン	원
9)	ドル	달러	10)	クレジットカード	신용카드
11)	デビットカード	체크카드※	12)	現金(げんきん)	현금
13)	一括払(いっかつばら)い	일시불	14)	分割払(ぶんかつばら)い	할부
15)	商品(しょうひん)	상품	16)	窓口(まどぐち)	창구
17)	ご出国(しゅっこく)	출국	18)	手続(てつづ)き	수속
19)	お受(う)け取(と)り	수령	20)	お返(かえ)し / おつり	거스름돈

※ 일본에서는 ATM에서 출입금할 수 있는 「**キャッシュカード**(현금카드)」, 자기 통장에서 실시간 결제할 수 있는 「**デビットカード**(체크카드)」를 구분해서 사용합니다.

お会計(かいけい)はこちらでお伺(うかが)いします。(계산은 이쪽에서 도와드리겠습니다)

표현 차이에 유의하자!

お会計(かいけい)はこちらです。: 일반적인 표현

お会計(かいけい)はこちらでございます。: 정중한 서비스 표현

お会計(かいけい)はこちらでお伺(うかが)いします。: 아주 정중한 서비스 표현

お手数(てすう)おかけしますが、パスポートをお願(ねが)いいたします。

(죄송하지만, 여권을 보여주시겠어요?)

お支払(しはら)いは、ドルでよろしいでしょうか。(지불은 달러로 괜찮으세요?)

お支払(しはら)いはご一括払(いっかつばら)いでよろしいでしょうか。(결제는 일시불로 괜찮으세요?)

3ヶ月(かげつ)の分割払(ぶんかつばら)いでお願(ねが)いします。(3개월 할부로 해주세요)

문형연습

(1)「~にございます。」~에 있습니다. (「~にあります」의 공손표현)

· 化粧品売り場は、こちらをまっすぐ進んでいただいて、左手にございます。
(화장품 매장은 이쪽을 쭉 가서 왼쪽에 있습니다.)

· お探しの商品はこちらにございます。(찾으시는 상품은 이쪽에 있습니다.)

· 休憩室は7階にございます。(휴게실은 7층에 있습니다.)

연습

밑줄 친 부분을「~にございます」문형으로 고쳐 문장을 완성하시오.

① 駐車場はあちらにあります。

→

② お手洗いは、まっすぐ進んで右手にあります。

→

③ 食料品売り場は地下1階にあります。

→

(2)「~でございます。」~입니다.(「~です」의 공손표현)

- リップスティックはこちらでございます。(립스틱은 이쪽입니다.)
- マットな仕上(しあ)がりのものが人気(にんき)でございます。
  (윤기없는 마무리를 가진 제품이 인기입니다.)
- こちらパスポートとチケット、クレジットカードでございます。
  (여기 여권과 티켓, 신용카드입니다.)

연습

밑줄 친 부분을「~でございます」문형으로 고쳐 문장을 완성하시오.

① お探(さが)しの商品(しょうひん)はあちらです。

→

② そちらの香水(こうすい)が人気(にんき)です。

→

③ こちら、商品(しょうひん)とお返(かえ)しです。

→

회화연습

(1) 면세점 매장을 안내해 봅시다 !

점　원 : いらっしゃいませ。本日(ほんじつ)は(①)免税店(めんぜいてん)にお越(こ)しくださり誠(まこと)にありがとうございます。

손　님 : すみません。

점　원 : はい。いかがなさいましたか。

손　님 : (②)売(う)り場(ば)はどこですか。

점　원 : (②)売(う)り場(ば)は、こちらをまっすぐ進(すす)んでいただいて、(③)にございます。

손　님 : ありがとうございます。

I	
①면세점명	ロッテ
②찾으시는 매장	お酒(さけ)
③어느쪽에 있는지	右手(みぎて)

II	
①免税店名(めんぜいてんめい)	シーラ
②売(う)り場(ば)	ブランド物(もの)
③どちらにあるか	左手(ひだりて)

III	
①免税店名(めんぜいてんめい)	新世界(しんせかい)
②売(う)り場(ば)	婦人服(ふじんふく)
③どちらにあるか	左手(ひだりて)

IV	
①免税店名(めんぜいてんめい)	現代(げんだい)
②売(う)り場(ば)	アクセサリー
③どちらにあるか	右手(みぎて)

(2) 상품 설명을 해 봅시다！

점　원：いらっしゃいませ。
　　　　何(なに)かお探(さが)しのものはございますでしょうか。

손　님：はい。(　①　)を見(み)たいんですが。

점　원：(　①　)でございますね。
　　　　(掌(てのひら)で指(さ)しながら)(　①　)はこちらでございます。

손　님：ありがとうございます。
　　　　おすすめのものはありますか。

점　원：最近(さいきん)は、こちらの(　②　)が人気(にんき)でございます。

손　님：そうですか。では、それをください。

점　원：かしこまりました。

Ⅰ	
①찾으시는 상품	**チーク**
②인기 상품	**落(お)ち着(つ)いたピンク**

Ⅱ	
①お探(さが)しの商品(しょうひん)	**トートバッグ**
②人気(にんき)の商品(しょうひん)	**柄物(がらもの)**

Ⅲ	
①お探(さが)しの商品(しょうひん)	**お酒(さけ)**
②人気(にんき)の商品(しょうひん)	**洋酒(ようしゅ)**

Ⅳ	
①お探(さが)しの商品(しょうひん)	**香水(こうすい)**
②人気(にんき)の商品(しょうひん)	**フローラルの香(かお)り**

(3) 계산 절차를 연습해 봅시다 !

손　님 : お会計(かいけい)お願(ねが)いします。

점　원 : かしこまりました。お会計(かいけい)はこちらでお伺(うかが)いします。

손　님 : はい。

점　원 : それではお手数(てすう)をおかけしますが、
お客様(きゃくさま)のパスポートとチケットを拝見(はいけん)してもよろしいでしょうか。

손　님 : はい。これです。

점　원 : ありがとうございます。
それでは、こちらの(①)(②)で、お会計(かいけい)(③)ウォンに
なりますが、お支払(しはら)いは円(えん)でなさいますか。
ウォンでなさいますか。

손　님 : (④)でお願(ねが)いします。あと、支払(しはら)いは(⑤)で。

점　원 : かしこまりました。
こちらは、ご一括払(いっかつばら)いでよろしいでしょうか。 ※ l 현금 지불 때는 생략!

손　님 : はい。大丈夫(だいじょうぶ)です。 / いいえ。分割払(ぶんかつばら)いでお願(ねが)いします。

※ l 현금 지불 때는 생략!

점　원 : それでは、こちらパスポートとチケット、(⑥)と、
商品(しょうひん)でございます。

Ⅰ	
①상품	アイライナー
②구입 개수	3つ(みっつ)
③금액	72,000
④엔화인지 원화인지	ウォン
⑤ 지불 방법	現金(げんきん)
⑥ 손님께 드리는 것	お返(かえ)し

Ⅱ	
①商品(しょうひん)	お財布(さいふ)
②購入数(こうにゅうすう)	お1つ(ひとつ)
③金額(きんがく)	180,000
④円(えん)かウォンか	円(えん)
⑤ 支払(しはら)い方法(ほうほう)	クレジットカード
⑥ お渡(わた)しするもの	クレジットカード

第8課　관광안내 서비스

第8課　관광안내 서비스

기본회화 1　【마중】

ガイド　：JTBソウルツアーにご参加のお客様。こちらでございます。

お客様　：初めまして。お世話になります鈴木です。

ガイド　：鈴木様、初めまして。お会いできて光栄です。

この度、鈴木様ご一行をご案内させていただくイムと申します。

こちらこそ、どうぞよろしくお願いいたします。

それでは早速、お車の方に向かいましょう。こちらでございます。

가이드　：JTB서울투어에 참가하시는 손님은 이쪽으로 와 주세요.

손　님　：처음 뵙겠습니다. 항상 신세지고 있는 스즈키입니다.

가이드　：스즈키 님, 처음 뵙겠습니다. 만나 뵙게 되어 영광입니다.

이번에 스즈키 님 일행 분들의 안내를 맡게 된 임연아입니다.

저야말로 잘 부탁드립니다.

그럼 바로, 차 쪽으로 가시지요. 이쪽입니다.

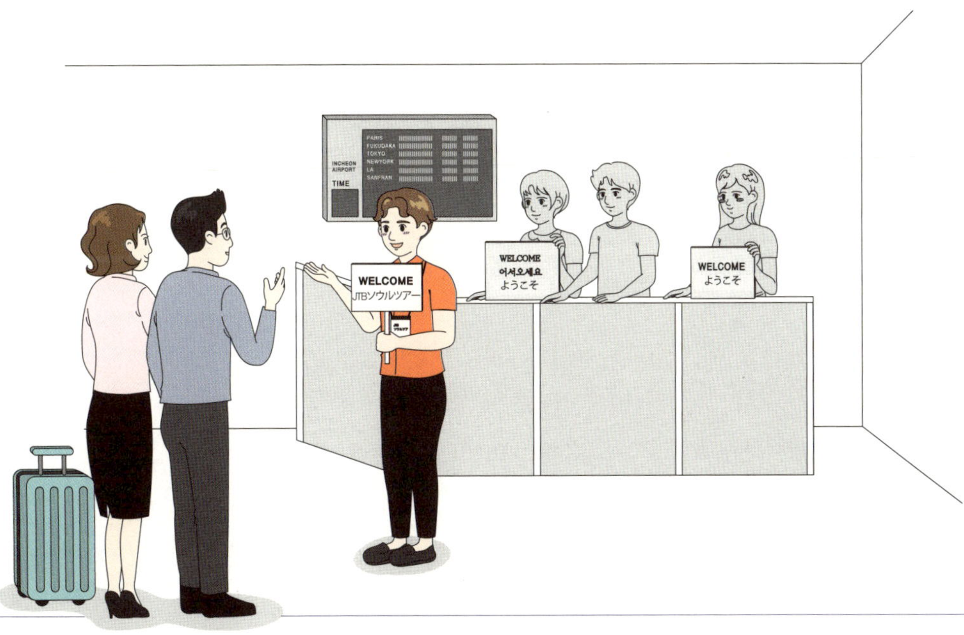

기본어휘와 기본표현

1)	ツアー	투어	2)	参加(さんか)	참가, 참여
3)	お世話(せわ)になる	신세 지다	4)	お会(あ)いできて	만나 뵙게 되어
5)	光栄(こうえい)だ	영광이다	6)	~様(さま)ご一行(いっこう)	~님 일행 분
7)	申(もう)す	말하다, ~라고 하다	8)	こちらこそ	저야말로
9)	どうぞ	부디, 잘	10)	早速(さっそく)	바로
11)	~の方(ほう)	~쪽, 방향	12)	向(む)かう	향하다, 가다

HIS釜山(プサン)ツアーにご参加(さんか)でいらっしゃいますね。

(HIS부산투어에 참가하시지요?)

お世話(せわ)になります。(신세지고 있습니다.)

お会(あ)いできて 光栄(こうえい)です。(만나 뵙게 되어 영광입니다.)

早稲田大学(わせだだいがく)ご一行様(いっこうさま)、こちらでございます。

(와세다대학교 일행 분들, 이쪽입니다.)

テニス協会福岡支部(きょうかいふくおかしぶ)ご一行様(いっこうさま)、こちらでございます。

(테니스 협회 후쿠오카 지부 일행 분들, 이쪽입니다.)

早速(さっそく)ホテルの方(ほう)に向(む)かいましょう。(바로 호텔 쪽으로 가시지요.)

기본회화 2　【명소안내】

ガイド　：お待たせいたしました。みなさま、こちらをご覧ください。
景福宮でございます。
こちらは、朝鮮時代1392年に建てられ、
当時、王が政務や生活をしていたところでございます。
また、最近では韓国の伝統衣装、チマチョゴリをレンタル
して宮内で綺麗な写真を撮られる方も多いですので、
興味のある方はぜひご利用くださいませ。

가이드　: 기다려 주셔서 감사합니다. 여러분 이쪽을 봐주시기 바랍니다.
경복궁입니다.
여기는 조선시대 1392년에 건설되었고, 당시 임금님이 정치와 일상생활을 하고 있었던 장소이기도 합니다.
또한, 최근에는 한국의 전통의상인 한복을 렌탈해서 궁 안에서 예쁜 사진을 찍는 분도 많으므로, 관심이 있으신 분들은 꼭 이용해 보시기 바랍니다.

기본어휘와 기본표현

1)	みなさま	여러분	2)	ご覧(らん)ください	봐 주세요
3)	景福宮(キョンボックン)	경복궁	4)	朝鮮時代(ちょうせんじだい)	조선시대
5)	～として	~로써, 로서	6)	有名(ゆうめい)だ	유명하다
7)	当時(とうじ)	당시	8)	王(おう)	왕 / 임금님
9)	政務(せいむ)	정무	10)	生活(せいかつ)	생활
11)	～の場(ば)	~의 장소(곳)	12)	最近(さいきん)	최근
13)	伝統(でんとう)	전통	14)	衣装(いしょう)	의상
15)	レンタル	렌탈	16)	宮内(くない)	궁내, 궁안
17)	綺麗(きれい)だ	예쁘다	18)	興味(きょうみ)	흥미, 관심

みなさま、こちらをご覧(らん)くださいませ。(여러분, 이쪽을 봐 주세요.)

こちらは、芸術(げいじゅつ)の町(まち)として有名(ゆうめい)です。(이쪽은 예술의 거리로 유명합니다.)

チマチョゴリはレンタルできます。(한복은 렌탈할 수 있습니다.)

宮内(くない)がとても綺麗(きれい)です。(궁 안이 정말 아름답습니다.)

歴史的(れきしてき)な建物(たてもの)に興味(きょうみ)があります。(역사적인 건물에 관심이 있습니다.)

기본회화 3　【배웅】

ガイド　：それでは、これでご帰国になりますが、
3日間本当にありがとうございました。

お客様　：こちらこそ、イムさんのおかげで本当に楽しい旅行になりました。
ありがとうございました。

ガイド　：こちらこそ、みなさまとご一緒できて光栄でした。
お帰りの際も気をつけてください。
ぜひまた韓国でお会いできることを楽しみにしております。

お客様　：はい。また必ず来たいと思います。

ガイド　：そう言ってくださって、ありがとうございます。
それでは、みなさまどうかお体にお気をつけて。

お客様　：イムさんもお元気で。
では、ありがとうございました。

가이드 : 그럼, 이로써 귀국하십니다만, 3일 동안 정말 수고하셨습니다.
손 님 : 저야말로 가이드님 덕분에 정말 즐거운 여행이 되었습니다.
감사합니다.
가이드 : 저야말로, 스즈키 님과 동행 할 수 있어서 영광이었습니다.
돌아가실 때도 조심히 가세요.
꼭 다시 한국에서 만나 뵐 수 있기를 기대하겠습니다.
손 님 : 네. 꼭 다시 오고 싶습니다.
가이드 : 그렇게 말씀해주시니, 감사합니다.
그럼, 스즈키 님, 부디 몸 건강하세요.
손 님 : 네. 가이드님도 건강하세요.
고마웠습니다.

기본어휘와 기본표현

1)	帰国（きこく）	귀국	2)	～のおかげ	~의 덕분에
3)	本当（ほんとう）に	정말로	4)	楽（たの）しい	즐겁다
5)	旅行（りょこう）	여행	6)	ご一緒（いっしょ）する	동행하다
7)	お帰（かえ）りの際（さい）	귀국하실 때	8)	気（き）をつける	조심하다
9)	楽（たの）しみ	기대	10)	必（かなら）ず	반드시, 꼭
11)	～たいと思（おも）います	~하고 싶습니다	12)	どうか	부디
13)	お体（からだ）	몸	14)	お元気（げんき）で	건강하세요

イムさんのおかげで本当（ほんとう）に楽（たの）しい旅行（りょこう）になりました。

(임선생님 덕분에 정말로 즐거운 여행이 되었습니다.)

加藤様（かとうさま）とご一緒（いっしょ）できて光栄（こうえい）でした。

(카토우 님과 동행할 수 있어서 영광이었습니다.)

お帰（かえ）りの際（さい）もお気（き）をつけて。(돌아가실 때도 조심하세요.)

ぜひまたお会（あ）いしたいと思（おも）います。(꼭 다시 만나러 올게요.)

どうかお体（からだ）お気（き）をつけて。(부디 몸조심하세요.)

문형연습

(1)「(私(わたし)が)~させていただく」~해드리다 (주어가 1인칭)

· (私(わたし)が)この度(たび)、鈴木様(すずきさま)ご一行(いっこう)をご案内(あんない)させていただくイムと申(もう)します。

((제가) 이번에 스즈키님 일행을 안내하게 된 임이라고 합니다.)

· (私(わたし)が)説明(せつめい)させていただきます。((제가) 설명해 드리겠습니다.)

· (私(わたし)が)窓(まど)を開(あ)けさせていただいてもよろしいでしょうか。

((제가) 창문을 열어드려도 괜찮겠습니까?)

연습

밑줄 친 부분을「~させていただく」문형으로 고쳐 문장을 완성하시오.

① (私(わたし)が)お客様(きゃくさま)をご案内(あんない)します。

→

② (私(わたし)が)説明(せつめい)します。

→

③ (私(わたし)が)窓(まど)を閉(し)めてもよろしいでしょうか。

→

(2)「(お客様が)~ていただく」~해 주시다 (주어가 3인칭)

· (お客様は)こちらの用紙にお客様の情報を書いていただきます。

(이 용지에 손님의 정보를 적어주시겠습니까)

· (お客様は)こちらを見ていただきます。(이쪽을 봐주세요.)

· (お客様が)窓を開けていただいてもよろしいでしょうか。

(창문을 열어주실 수 있을까요?)

연습

밑줄 친 부분을「~**ていただく**」문형으로 고쳐 문장을 완성하시오.

①(お客様は)こちらの荷物を預けます。

→

②それでは(お客様は)窓の外を見ます。

→

③(お客様は)こちらで食事をします。

→

회화연습

(1) 손님 마중을 해 봅시다 !

가이드 : (①)にご参加のお客様。こちらでございます。

손　님 : 初めまして。お世話になります(②)です。

가이드 : (②)様、初めまして。お会いできて光栄です。

この度、(②)様ご一行をご案内させていただく

(③)と申します。

こちらこそ、どうぞよろしくお願いいたします。

それでは早速、お車の方に向かいましょう。

こちらでございます。

Ⅰ	
① 투어 이름	JTB慶州ツアー
② 손님 성함	亀井
③ 자기 이름 (가이드 이름)	キム·ヨナ

Ⅱ	
① ツアー名	HIS大邱ツアー
② お客様のお名前	伊藤
③ 自分の名前	チュ·ソンフン

Ⅲ	
① ツアー名	HISソウルツアー
② お客様のお名前	中野
③ 自分の名前	パク·ボミ

Ⅳ	
① ツアー名	JTB釜山ツアー
② お客様のお名前	榎田
③ 自分の名前	イ·セドル

(2) 관광명소를 안내해 봅시다 !

가이드 : お待(ま)たせいたしました。みなさま、こちらをご覧(らん)ください。

(①)でございます。

こちらは、(②)として有名(ゆうめい)です。

また、最近(さいきん)では(③)する方(かた)も多(おお)いですので、

興味(きょうみ)のある方(かた)はぜひご利用(りよう)くださいませ。

Ⅰ	
① 명소	明洞(ミョンドン)
② 유명한 볼거리	にぎやかなショッピング街(がい)
③ 최근의 인기	トッポギなど、屋台料理(やたいりょうり)を食(た)べ歩(ある)きながらショッピング

Ⅱ	
① 名所(めいしょ)	ホンデ
②見(み)どころ	アーティステックな学生(がくせい)の街(まち)
③ 最近(さいきん)の人気(にんき)	路上(ろじょう)ライブ(길거리 공연)を鑑賞(かんしょう)

Ⅲ	
① 名所(めいしょ)	海雲台(ヘウンデ)
② 見(み)どころ	おしゃれな海(うみ)の街(まち)
③ 最近(さいきん)の人気(にんき)	グラスボート(투명유리광광선)に乗(の)って海(うみ)の中(なか)を堪能(たんのう)

(3) 손님을 배웅해 봅시다 !

가이드 ：それでは、これでご帰国になりますが、(①)
本当にありがとうございました。

손　님 ：こちらこそ、(②)さんのおかげで本当に楽しい旅行に
なりました。ありがとうございました。

가이드 ：こちらこそ、(③)様とご一緒できて光栄でした。
お帰りの際も気をつけてください。
ぜひまた韓国でお会いできることを楽しみにしております。

손　님 ：はい。また必ず来たいと思います。

가이드 ：そう言ってくださって、ありがとうございます。
それでは、(③)様どうかお体にお気をつけて。

손　님 ：(②)さんも。では、ありがとうございました。

Ⅰ	
①투어 기간	**2日間**
②자기 이름(가이드 이름)	**キム**
③손님 성함	**亀井**

Ⅱ	
①ツアー期間	**5日間**
②自分の名前	**チュ**
③お客様のお名前	**伊藤**

Ⅲ	
①ツアー期間	**1週間**
②自分の名前	**パク**
③お客様のお名前	**中野**

Ⅳ	
①ツアー期間	**4日間**
②自分の名前	**イ**
③お客様のお名前	**榎田**

第9課　통역 서비스

第9課　통역 서비스

기본회화 1　【행사 진행 통역】

司　会 : 지금부터, 일본 무나카타시 체육협회와 대한민국 김해시 체육회간의 스포츠 교류 종합 개회식을 시작하겠습니다.

通訳士 : ただ今より、日本宗像市体育協会と大韓民国金海市体育会によるスポーツ交流総合開会式を始めたいと思います。

司　会 : 먼저, 국민의례가 있겠습니다.
모두 일어나셔서 양국 국기를 향해 서주시기 바랍니다.

通訳士 : まずは、国歌斉唱を行います。
みなさまご起立になって両国の国旗にお体を向けてください。

司　会 : 국기에 대하여 경례!

通訳士 : 国旗に向かい、右手を左胸にあててください！

司　会 : 시간관계상 이하 의례는 생략하도록 하겠습니다.

通訳士 : 時間の都合上、以下の儀礼は省略させていただきます。

司　会 : 다음은 김해시체육회 홍길동 회장님께서 대회사를 하시겠습니다.

通訳士 : 続きまして、金海市体育会ホン・ギルドン会長から式辞がございます。* 칼럼D

・・・(式辞)・・・

司　会 : 이어서, 일본 무나카타시 체육협회 오오시마 카즈오 회장님께서 답사를 해주시겠습니다.

通訳士(つうやくし)：続(つづ)きまして、日本宗像市体育協会大島和夫会長(にほんむなかたしたいいくきょうかいおおしまかずおかいちょう)から答辞(とうじ)がございます。

・・・(答辞(とうじ))・・・

司会(しかい)：이상으로 일본 무나카타시와 대한민국 김해시 간의 스포츠교류 종합 개회식을 모두 마치겠습니다.

이제부터 기념촬영을 한 후에 종목별 경기를 시작하겠습니다.

通訳士(つうやくし)：これをもちまして、日本宗像市(にほんむなかたし)と大韓民国金海市間(だいかんみんこくキメしかん)のスポーツ交流総合開会式(こうりゅうそうごうかいかいしき)を終了(しゅうりょう)とさせていただきます。またこれより、記念撮影(きねんさつえい)の後(あと)、種目別(しゅもくべつ)の競技(きょうぎ)を始(はじ)めさせていただきたいと思(おも)います。

기본어휘와 기본표현

1)	ただ今より	지금부터	2)	体育協会	체육협회
3)	～による	~에 따른, ~간의	4)	総合	종합
5)	開会式	개회식	6)	閉会式	폐회식
7)	国歌斉唱	국가 제창	8)	起立	기립
9)	国旗	국기	10)	～に体を向ける	~를/을 향해 서다
11)	胸に手をあてる	가슴에 손을 얹다	12)	～の都合上	~사정상, 관계상
13)	儀礼	의례	14)	省略する	생략하다
15)	続きまして	계속해서	16)	会長	회장님
17)	式辞	대회사	18)	答辞	답사
19)	これをもちまして	이상으로	20)	～に先立ちまして	~에 앞서

ただ今より、2019年日本語スピーチ大会、開会式を始めさせていただきます。

(지금부터 2019년 일본어 말하기 대회 개회식을 시작하겠습니다.)

開会に先立ちまして、日本語教育学会会長より、ご挨拶がございます。

(개회에 앞서 일본어교육학회 회장님으로부터, 인사말씀이 있겠습니다.)

みなさま、ご起立ください。(모두 자리에서 일어서 주시기 바랍니다.)

来賓式辞は、時間の都合上、省略させていただきます。

(내빈여러분의 기념사는 시간 관계상, 생략하도록 하겠습니다.)

これをもちまして、2019年日本語スピーチ大会、閉会式を終了とさせていただきます。

(이상으로 2019년 일본어 말하기 대회 폐회식을 마치겠습니다.)

표현 차이에 유의하자!

閉会式を終了させていただきます。: 공손한 표현

閉会式を終了とさせていただきます。: 사회 볼 때 표현

기본회화 2 【행사 인사말 통역①】

会　長：무나카타시 테니스 선수단 여러분!

通訳士：宗像市テニス選手団のみなさま。

会　長：대한민국 김해시 방문을 환영합니다.

通訳士：大韓民国金海市へようこそお越しくださいました。

会　長：우선, 지난해에 김해시 선수단을 따뜻하게 맞이해 주시고 또 저의가 쾌적하게 지낼 수 있도록 많은 배려를 해주신 점, 진심으로 감사드립니다.

通訳士：まずは、昨年金海市選手団をあたたかく迎えてくださり、また我々が快適に過ごせるようにと様々なご配慮をくださったこと、心より感謝いたしております。

会　長：이번에는 먼 곳에서 무나카타시 선수단 여러분이 저희 김해시를 방문해 주셨으니, 여러분께 불편함이 없도록 최선을 다하겠습니다.

通訳士：この度は、遠いところを宗像市選手団のみなさまが、我々金海市を訪問してくださいましたので、みなさまにご不便のないよう、最善を尽くす所存でございます。

会　長：이렇게 일본에서 테니스를 사랑하시는 분들을 만나 뵙고 같이 테니스를 칠 수 있게 해주신 김해시와 무나카타시에 먼저 감사하다는 말씀을 전해 드리고 싶습니다.

通訳士：このように、日本のテニスを愛する方々とお会いして、テニスを共にすることができるようにしてくださった金海市と宗像市に、まずは感謝の言葉をお伝えしたいです。

기본어휘와 기본표현

1)	宗像市(むなかたし)	무나카타시	2)	選手団(せんしゅだん)	선수단
3)	大韓民国(だいかんみんこく)	대한민국	4)	金海市(キメし)	김해시
5)	ようこそお越(こ)しくださいました	방문을 환영합니다.	6)	あたたかく	따뜻하게
7)	迎(むか)える	맞이하다	8)	快適(かいてき)	쾌적
9)	過(す)ごす	지내다	10)	配慮(はいりょ)	배려
11)	感謝(かんしゃ)	감사	12)	この度(たび)	이번에(는)
13)	遠(とお)いところを	먼 길을	14)	訪問(ほうもん)する	방문하다
15)	不便(ふべん)	불편	16)	最善(さいぜん)を尽(つ)くす	최선을 다하다
17)	～所存(しょぞん)です	~할 생각입니다	18)	～を愛(あい)する方々(かたがた)	~을 사랑하시는 분들
19)	テニスをする	테니스를 하다	20)	伝(つた)える	전하다

みなさま、この度(たび)はようこそお越(こ)しくださいました。

(여러분, 이번에 방문해 주셔서 감사합니다.)

前回(ぜんかい)は、私(わたし)たちをあたたかく迎(むか)えてくださり、ありがとうございました。

(지난번에는 저희를 따뜻하게 맞이해 주셔서 고마웠습니다.)

ご配慮(はいりょ)くださりありがとうございます。(배려해 주셔서 감사합니다.)

ご不便(ふべん)はございませんか。(불편하신 점은 없으신가요?)

この度(たび)は、書道(しょどう)を愛(あい)する方々(かたがた)をお招(まね)きすることができ、嬉(うれ)しく思(おも)います。

(이번에는 서예를 사랑하시는 분들을 초대 할 수 있어서 기쁩니다.)

기본회화 3 【행사 인사말 통역②】

会　長：또한, 테니스 경기를 통해서 서로가 우정을 다지고 서로 방문을 한다는 것이 얼마나 멋진 일인지 이렇게 무나카타시 선수단 여러분들을 만나 뵙고 다시 한 번 느꼈습니다.

通訳士：また、テニス競技を通して、お互いが友情を深め、お互いの国を訪問するということがどれだけ素晴らしいかということを、こうして宗像市選手団のみなさまにお会いして改めて感じます。

会　長：김해시는 인구 54만의 도시로서 오랜 역사를 가지고 있는 아름다운 도시입니다. 짧은 기간이지만 여러분이 일본에 돌아가실 때까지 김해시를 충분히 만끽하실 수 있도록 저희가 최선을 다해 안내해 드리겠습니다.

通訳士：金海市は、人口54万人の都市として、古くからの歴史を持つ美しい都市であります。短い時間ではありますが、みなさまが日本にお帰りになるまで、金海市を充分に堪能していただけますよう、我々が精一杯ご案内したいと思います。

会　長：이번 상호 방문을 계기로 해서, 무나카타시와 김해시의 지속적인 테니스 교류로 테니스 경기의 발전과 테니스를 사랑하시는 분들의 우정이 더더욱 깊어져가기를 진심으로 기원합니다.

通訳士：今回の相互訪問をきっかけとした、宗像市と金海市の持続的なテニス交流により、テニス競技の発展とテニスを愛する方々の友情がますます深まることを心より願っております。

会　長：경청해주셔서 감사합니다.

通訳士：ご清聴ありがとうございました。

会長(かいちょう)：김해시 테니스 협회 회장 홍길동

通訳士(つうやくし)：金海市(キメし)テニス協会会長(きょうかいかいちょう)ホン・ギルドン

※ 통역할 때는 일본인한테 내용 및 마음을 자연스럽게 전할 수 있게, 표현을 보충하거나 어순을 조절해야 될 때가 있습니다!!

기본어휘와 기본표현

1)	競技	경기	11)	堪能する	만끽하다
2)	通して	통해서	12)	我々	우리들, 저희들
3)	お互い	서로, 상호	13)	精一杯	있는 힘껏
4)	友情を深める	우정을 쌓다	14)	相互	상호
5)	改めて	새삼, 다시 한번	15)	きっかけ	계기
6)	人口	인구	16)	～とした	~로(해서, 한)
7)	都市	도시	17)	持続的	지속적
8)	古くから	예로부터	18)	発展	발전
9)	歴史を抱く	역사를 가지다	19)	心より願う	진심으로 바라다
10)	充分に	충분히	20)	ご清聴	경청

今回の交流会を通じて、より一層友情を深めましょう。

(이번 교류회를 통해서 한층 더 우정을 다집시다.)

ソウルは、韓国で一番人口の多い都市でございます。

(서울은 한국에서 가장 인구가 많은 도시입니다.)

この街の魅力を充分に堪能してください。

(이 거리의 매력을 충분히 만끽해 주시기 바랍니다.)

今後も精一杯努力いたします。(앞으로도 있는 힘껏 노력하겠습니다.)

みなさまの健康を心より願っております。(여러분의 건강을 진심으로 바랍니다.)

문형연습

(1)「(お/ご)~たいと思います。」~하고 싶습니다. /~하겠습니다.
(상대방을 배려하며 진행할 때 사용)

· 開会式を始めます。(개회식을 시작하겠습니다.)
→ 開会式を始めたいと思います。: 서비스 일본어로 적합

· ご案内します。(안내하겠습니다.)
→ ご案内したいと思います。: 서비스 일본어로 적합

· お話しします。(얘기 하겠습니다.)
→ お話ししたいと思います。: 서비스 일본어로 적합

연습

밑줄 친 부분을「~たいと思います」문형으로 고쳐 문장을 완성하시오.

① ただ今より閉会式を始めます。

→

② 私が代表してお話しします。

→

③ こちらで記念撮影をします。

→

(2)「~する所存(しょぞん)でございます。」~할 겁니다. /~할 생각입니다.

「~するつもりです」는 고압적인 말투기 때문에, 서비스 일본어에서는 「~する所存(しょぞん)でございます。」라는 겸양적이도 공손한 말투를 사용함.

· 最善(さいぜん)を尽(つ)くすつもりです。(최선을 다할 생각입니다.)

→ 最善(さいぜん)を尽(つ)くす所存(しょぞん)でございます。: 서비스 일본어로 적합

· これから確認(かくにん)するつもりです。(지금부터 확인할 생각입니다.)

→ これから確認(かくにん)する所存(しょぞん)でございます。: 서비스 일본어로 사용적합

· すぐにお電話(でんわ)するつもりです。(바로 전화드릴 생각입니다.)

→ すぐにお電話(でんわ)する所存(しょぞん)でございます。: 서비스 일본어로 사용적합

연습

밑줄 친 부분을「~する所存(しょぞん)でございます」문형으로 고쳐 문장을 완성하시오.

① みなさまを精一杯(せいいっぱい)ご案内(あんない)するつもりです。

→

② 素敵(すてき)な開会(かいかい)式を計画(かくかく)するつもりです。

→

③ すぐに連絡(れんらく)をするつもりです。

→

회화연습

(1) 행사 진행을 통역해 봅시다!

사 회 : 지금부터, (①)을 시작하겠습니다.

통역사 : ただ今より、(①)を始めたいと思います。

사 회 : 먼저, (②)에 앞서서 (③)께서 인사 말씀을 하시겠습니다.

통역사 : まずは、(②)に先立ちまして(③)からご挨拶がございます。

・・・(挨拶)・・・

사 회 : 다음은 (④)께서 인사 말씀을 해주시겠습니다.

통역사 : 続きまして、(④)からご挨拶がございます。

사 회 : 이상으로 (①)을 모두 마치고 기념촬영을 한 후 각 일정을 시작하도록 하겠습니다.

통역사 : これをもちまして、(①)を終了とさせていただき、記念撮影をしました後、本日の各日程を始めさせていただきたいと思います。

I	
①식전명	映画の試写会
②식전명 생략형	試写会
③인사하시는 분 성함 I	キム・ミンジ 監督
④인사하시는 분 성함 II	田中 誠 会長

II	
①式典名	新製品の説明会
②式典名 省略型	説明会
③あいさつをする方のお名前 I	パク・チョルス 商品開発部部長
④あいさつをする方のお名前 II	佐藤 学 会長

(2) 행사 인사말을 통역해 봅시다!

회　장 : (①) 여러분!

통역사 : (①)のみなさま、

회　장 : (②)에 와주셔서 진심으로 감사 말씀 드립니다.

통역사 : この度は、(②)にお越しくださり誠にありがとうございます。

회　장 : 우선 이렇게 좋은 기회를 주신(③)에 감사하다는 말씀을 드리고 싶습니다.

통역사 : このように、素晴らしい機会を準備してくださった(③)にまずは感謝の言葉をお伝えしたいです。

회　장 : 이번(④)계기로(⑤)을 다져나가기를 희망하는 바입니다.

통역사 : 今回の(④)をきっかけとし、(⑤)がますます深まることを心より願っております。

회　장 : 경청해주셔서 감사합니다.

통역사 : ご清聴ありがとうございます。

I	
①대상자	**試写会参加者**
②식전명	**映画の試写会**
③주최 단체	**国際交流基金のみなさま**
④식전명 생략형	**試写会**
⑤행사 목적	**映画への関心**

II	
①話の対象	**説明会参加者**
②式典名	**新製品の説明会**
③主催団体	**自動車産業組合のみなさま**
④式典名 省略型	**説明会**
⑤行事の目的	**新製品へのご理解**

칼럼 D 내외 관계(内外の関係)

일본어의 특징 중 하나가 상황에 따라 변하는 "내외관계(内外の関係)"입니다. 이것은 경어 사용의 중요한 요소입니다. 내외관계에서 내(内)관계끼리는 겸양어를 사용하고, 외(外)관계 사람에게는 존경어를 사용한다.

예1) 회사 내에서 자기 회사 사장님께 밥을 드셨는지 물어볼 때

사원 : ご飯は召し上がりましたか。(식사 하셨어요?)
사장 : うん。食べたよ。(응. 잘 먹었어.)

※ 내(内)관계의 대화에서는 높이는 대상이 사장님.

자신은 낮추고, 사장님을 높인다.

예2) 자기회사 사장님이 거래처 일을 받을 때

비서 : 社長の加藤がお仕事をさせていただきます。
(사장인 카토가 일을 해드리겠습니다.)

※ 외(外)관계의 대화에서는 낮추는 대상이 사장님.

자신과 사장님은 낮추고, 상대방을 높인다.

예1) 예2)를 비교하면, 사장님은 경어의 대상이지만, 손님이 계실 때, 사장님은 내(内)관계 사람이고, 손님은 외(外)관계 사람이라고 생각해서, 내(内)관계 사람인 사장님은 자신과 같이 낮추고, 외(外)관계 사람인 손님을 높여야 됩니다. 이런 내외관계는 상화에 따라 달라집니다.

第10課　의료 서비스

第10課　의료 서비스

기본회화 1　【문진표 작성】

看護師：それでは、問診表を作成いたしますので、
　　　　こちらにお掛けください。

患者様：はい、わかりました。

看護師：こちらの問診表からカルテをお作りしますので、それぞれの
　　　　質問事項に該当する内容をお答えください。

患者様：はい。(記入後)できました。

看護師：ありがとうございます。では、次に鈴木様の病歴について
　　　　いくつかお伺いします。これまで、大きなご病気をされたり、
　　　　入院されたことはございますか。

患者様：特にありません。

看護師：わかりました。
　　　　では、これまで麻酔やお薬を服用後に気分が悪くなったこと、
　　　　またアレルギーはございませんか。

患者様：昔、タミフルを飲んで吐いたことがあります。

看護師：そうでしたか。それは大変でしたね。医師にしっかり
　　　　伝えておきますね。

患者様：ありがとうございます。

간호사 : 그럼, 문진표를 작성하겠으니, 이쪽에 앉아주세요.

환자분 : 네. 알겠습니다.

간호사 : 이 문진표를 보고 진료기록을 만들기 때문에,
각 질문사항에 해당하는 내용을 대답해 주세요.

환자분 : 네. (기입 후) 다 됐습니다.

간호사 : 감사합니다. 그럼, 이번에는 스즈키 님의 병력에 대해서 몇 가지 질문을 하도록 하겠습니다.
지금까지 큰 병에 걸리시거나 입원하신 적이 있으신가요?

환자분 : 딱히 없습니다.

간호사 : 알겠습니다.
그럼 지금까지 마취나 약을 복용하신 뒤에 속이 안 좋으셨던 적이나 따로 알레르기는 없으신가요?

환자분 : 예전에, 타미플루를 먹고 토한 적은 있어요.

간호사 : 그러셨군요. 그땐 힘드셨겠네요. 의사선생님께 꼭 전해 드리도록 하겠습니다.

환자분 : 감사합니다.

기본어휘와 기본표현

1)	問診票(もんしんひょう)	문진표	2)	作成(さくせい)する	작성하다
3)	掛(か)ける	앉다	4)	カルテ	진료기록
5)	作(つく)る	만들다	6)	質問事項(しつもんじこう)	질문사항
7)	該当(がいとう)する	해당하다	8)	内容(ないよう)	내용
9)	答(こた)える	대답하다	10)	病歴(びょうれき)	병력
11)	病気(びょうき)	병, 질환	12)	入院(にゅういん)	입원
13)	特(とく)に	딱히, 특별히	14)	麻酔(ますい)	마취
15)	薬(くすり)	약	16)	服用後(ふくようご)	복용 후
17)	気分(きぶん)が悪(わる)い	속이 안 좋다	18)	アレルギー	알레르기
19)	タミフル	타미플루	20)	吐(は)く	토하다

患者様(かんじゃさま)の問診票(もんしんひょう)を作成(さくせい)いたします。(환자분의 문진표를 작성하겠습니다.)

カルテをお作(つく)りします。(진료기록을 만들겠습니다.)

該当(がいとう)する項目(こうもく)にお答(こた)えください。(해당하는 항목에 대답해 주세요.)

これまでに、入院(にゅういん)されたことはございますか。

(지금까지 입원하신 적이 있으십니까?)

アレルギーはございますか。(알레르기는 있으세요?)

기본회화 2 【진료 통역】

医　者：本日はどうされましたか。

患者様：昨日から頭が痛くて、熱があるんです。

医　者：どのように痛みますか。

患者様：割れるように痛いです。

医　者：では、のどの状態を見ますので、大きく口を開けて、
「あー」と声を出してください。

患者様：あー。

医　者：はい。ありがとうございます。
のどの奥が腫れて、頭痛と熱もあるので、風邪ですね。
体が楽になるように点滴をして少し休みましょう。
お薬も5日分出しておきますね。

患者様：ありがとうございます。

의　사：오늘은 어디가 아파서 오셨어요?

환자분：어제부터 머리가 아프고, 열이 나서요.

의　사：어떻게 아프세요?

환자분：깨질 것같이 아파요.

의　사：그럼, 목 안이 어떤지 한번 볼게요.
입을 크게 벌리고「아~」해 보세요.

환자분：아~.

의　사：네. 감사합니다. 목 안이 붓고, 두통이랑 열이 나는 걸 보니까 감기시네요.
몸이 좀 편해지도록 링겔 맞으시고, 조금 쉽시다.
약도 5일치 처방해드릴게요.

환자분：감사합니다.

기본어휘와 기본표현

1)	本日(ほんじつ)	오늘	2)	頭(あたま)が痛(いた)い	머리가 아프다
3)	のどが痛(いた)い	목이 아프다	4)	鼻(はな)がつまる	코가 막히다
5)	くしゃみが出(で)る	재채기가 나오다	6)	せきが出(で)る	기침이 나오다
7)	お腹(なか)が痛(いた)い	배가 아프다	8)	目(め)が痛(いた)い	눈이 아프다
9)	足(あし)を怪我(けが)する	발을 다치다	10)	痛(いた)む	아프다
11)	割(わ)れるように痛(いた)い * 칼럼E	깨질 것 같이 아프다	12)	状態(じょうたい)	상태
13)	口(くち)を開(あ)ける	입을 벌리다	14)	声(こえ)を出(だ)す	소리를 내다
15)	奥(おく)	안, 속	16)	腫(は)れる	붓다
17)	頭痛(ずつう)	두통	18)	夏風邪(なつかぜ)	여름감기
19)	点滴(てんてき)	링겔	20)	お薬(くすり)	약

のどが痛(いた)くて、せきが出(で)ます。(목이 아프고 기침이 나옵니다.)

頭(あたま)が割(わ)れるように痛(いた)いです。(머리가 깨질 것같이 아파요.)

傷口(きずぐち)が痛(いた)みます。(상처 난 데가 아픕니다.)

点滴(てんてき)を致(いた)します。(주사를 놓겠습니다.)

お薬(くすり)をお出(だ)しします。(약을 처방해드리겠습니다.)

기본회화 3 【치료/처방약 설명】

看護師 : では、こちらの処置室へどうぞ。

患者様 : はい。

看護師 : こちらで横になってください。

患者様 : はい。わかりました。

看護師 : では、点滴の注射をしますので、少しちくっとします。
何かしびれるような感覚がございましたら、
おっしゃってください。

患者様 : はい。大丈夫です。ありがとうございます。

看護師 : では、ごゆっくりお休みになって、
何かあればお声掛けください。

・・・(処置終了)・・・

看護師 : 鈴木様、お疲れさまです。お体の調子はいかがでしょうか。

患者様 : だいぶ楽になりました。

看護師 : それはよかったです。では、ゆっくりで大丈夫ですので、
会計窓口でお薬をもらいましょう。

患者様 : はい。

看護師 : こちらが本日処方されましたお薬でございます。
朝昼晩、1日3回、食後にご服用ください。

간호사 : 그럼, 이쪽에 치료실로 들어오세요.

환자분 : 네.

간호사 : 이쪽에 누워주세요.

환자분 : 네. 알겠습니다.

간호사 : 그럼 주사를 맞는데, 조금 따끔해요.
뭔가 조금 저리는 것 같은 감각이 느껴지시면 말씀해주세요.

환자분 : 네. 괜찮습니다. 감사합니다.

간호사 : 그럼, 푹 쉬시고 무슨 일 있으시면 말씀해주세요.

…(치료종료)…

간호사 : 스즈키 님, 피곤하시죠? 몸 상태는 좀 어떠신가요?

환자분 : 많이 편해졌어요.

간호사 : 그건 다행이네요.
그럼, 천천히 하셔도 괜찮으시니 수납창구에서 약 받으러 가시죠.

환자분 : 네.

간호사 : 이게 오늘 처방받으신 약입니다.
아침, 점심, 저녁으로 1일 3회 식후에 복용해주세요.

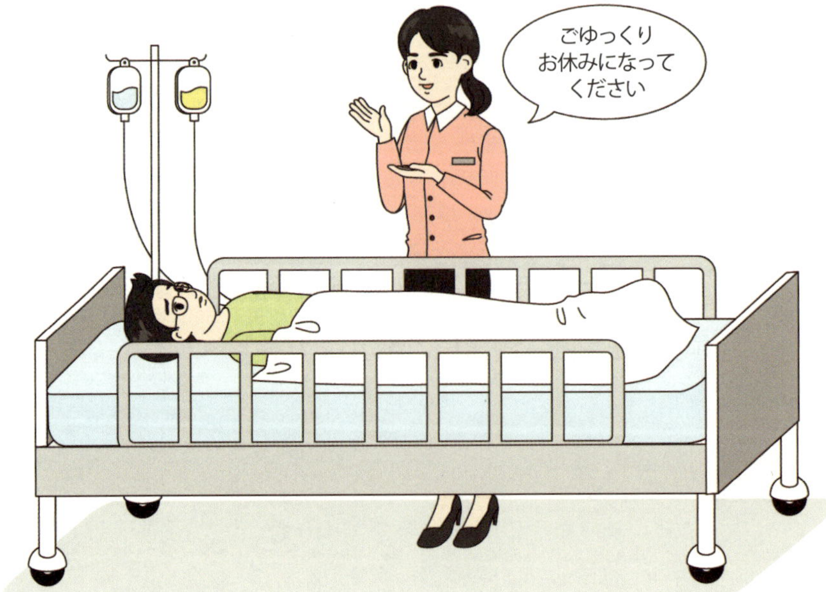

기본어휘와 기본표현

1)	処置室(しょちしつ)	치료실	2)	横(よこ)になる	눕다
3)	点滴(てんてき)の注射(ちゅうしゃ)	링겔 주사	4)	ちくっとする	따끔하다
5)	しびれる	저리다	6)	～ような	~와 같은
7)	感覚(かんかく)	감각	8)	ゆっくり	천천히
9)	お休(やす)みになる	쉬시다	10)	お声掛(こえが)けくださる	말씀해주시다
11)	いかが	어떻게, 어떠하다	12)	だいぶ	꽤, 상당히, 많이
13)	楽(らく)になる	편해지다	14)	会計窓口(かいけいまどぐち)	수납창구
15)	処方(しょほう)	처방	16)	朝昼晩(あさひるばん)	아침점심저녁
17)	食後(しょくご)	식후	18)	食前(しょくぜん)	식전
19)	食間(しょっかん)	식간	20)	服用(ふくよう)する	복용하다

鈴木様(すずきさま)、こちらの処置室(しょちしつ)へどうぞ。

(스즈키 님, 이쪽에 치료실로 들어오세요.)

注射(ちゅうしゃ)の際(さい)、少(すこ)しちくっとします。(주사 맞으실 때 좀 따끔해요.)

ごゆっくり お休(やす)みください。(편히 쉬세요.)

何(なに)かございましたら、お声掛(こえが)けください。

(무슨 일 있으시면, 말씀해주세요.)

こちらのお薬(くすり)は、食前(しょくぜん)にご服用(ふくよう)ください。

(이 약은 식전에 복용해주세요.)

문형연습

(1) 「~はございませんか。」~없습니까?
(「~はありませんか。」보다 공손한 표현)

· アレルギーはありませんか。(알레르기는 없습니까?)

→ アレルギーはございませんか。: 서비스 일본어로 적합

· 麻酔(ますい)で気分(きぶん)が悪(わる)くなったことはありませんか。
(마취해서 상태가 안 좋아진 적은 없습니까?)

→ 麻酔(ますい)で気分(きぶん)が悪(わる)くなったことはございませんか。: 서비스 일본어로 적합

· 入院(にゅういん)されたことはありませんか。(입원하신 적은 없습니까?)

→ 入院(にゅういん)されたことはございませんか。: 서비스 일본어로 적합

연습

밑줄 친 부분을 서비스 일본어에서 사용이 가능하도록 고쳐 문장을 만드시오.

① 卵(たまご)アレルギーはありませんか。

→

② これまでに、お薬(くすり)で気分(きぶん)が悪(わる)くなったことはありませんか。

→

③ 持病(じびょう)(지병)はありませんか。

→

(2)「お / ご～になる」~하시다 (주어가 제3자)

· (患者様(かんじゃさま)、)ごゆっくりお休(やす)みになってください。(환자분 푹 쉬세요.)

· (患者様(かんじゃさま)は)こちらでお着替(きが)えになってください。

(환자분 이쪽에서 옷을 갈아 입으세요.)

· 木村様(きむらさま)が、お入(はい)りになります。(기무라님이 들어가십니다.)

연습

밑줄 친 부분을「**お/ご～になる**」문형으로 고쳐 문장을 완성하시오.

① (患者様(かんじゃさま)は)こちらのいすに掛(か)けてください。

→

② 患者様(かんじゃさま)は、ただ今(いま)着替(きが)えています。

→

③ (患者様(かんじゃさま)、)お薬(くすり)は窓口(まどぐち)で受(う)け取(と)ってください。

→

(3)「お / ご～する」~해 드리다 (주어가 자신)

· (私(わたし)が)検査内容(けんさないよう)をお話(はな)しします。(제가 검사 내용을 말씀드리겠습니다.)

· 順番(じゅんばん)になりましたら、(私(わたし)が)お呼(よ)びします。

(순서가 되면 제가 불러드리겠습니다.)

· それは(私(わたし)が)ご確認(かくにん)します。(그것은 제가 확인하겠습니다.)

연습

밑줄 친 부분을「**お/ご～する**」문형으로 고쳐 문장을 완성하시오.

① (私(わたし)が)ドアを閉(し)めます。

→

② (私(わたし)が)診察室(しんさつしつ)まで案内(あんない)します。

→

③ (私(わたし)が)お着替(きが)えを持(も)っていきます。

→

※「**持(も)っていく**」의 겸양어는「お持(も)っていきする」「持(も)っておいきする」가 아니라「**お持(も)ちする**」가 된다.

회화연습

(1) 환자의 문진표를 작성해 봅시다 !

간호사 ：それでは、問診表を作成いたしますので、こちらにお掛けください。

환자분 ：はい、わかりました。

간호사 ：こちらの問診表からカルテをお作りしますので、それぞれの質問事項に該当する内容をお答えください。

환자분 ：はい。(記入後)できました。

간호사 ：ありがとうございます。では、次に(①)様のお体についていくつかお伺いします。これまで、大きなご病気をされたり、入院されたことはございますか。

환자분 ：(②)。

간호사 ：(③)。

では、これまで麻酔やお薬を服用後に気分が悪くなったこと、またアレルギーはございませんか。

환자분 ：(④)。

간호사 ：(⑤)。

I	
①患者様のお名前	**木村**
②ご病気·入院の有無	**1年前に盲腸で1週間入院しました**
③ご病気·入院の有無に関する相づち	**そうでしたか。それは大変でしたね。 今は良くなられてよかったです**
④アレルギーの有無	**特にありません**
⑤アレルギーの有無に関する相づち	**わかりました**

(2) 진찰 상황의 의료 통역을 해 봅시다!

의　사 : 本日(ほんじつ)はどうされましたか。

환자분 : (　　①　　)んです。

의　사 : どのように痛(いた)みますか。

환자분 : (　　②　　)に痛(いた)いです。

의　사 : では、(　③　)ので、(　　④　　)。

・・・(診察(しんさつ))・・・

의　사 : はい。ありがとうございます。(⑤)ですね。お薬(くすり)を(⑥)分(ぶん)出(だ)しておきますね。

환자분 : ありがとうございます。

I	
①증상	**お腹(なか)が痛(いた)い**
②어떤 통증인지	**焼(や)けるよう**
③진찰 부위	**お腹(なか)を触診(しょくしん)します**
④진찰을 위한 지시	**ベッドに横(よこ)になってください**
⑤진찰 결과	**胃炎(いえん)**
⑥약 처방 일수	**3日(みっか)**

II	
①症状(しょうじょう)	**足(あし)が痛(いた)い**
②どのような痛(いた)みか	**しびれるよう**
③診察場所(しんさつばしょ)	**足(あし)を触診(しょくしん)します**
④診察(しんさつ)のための指示(しじ)	**こちらに足(あし)を乗(の)せてください**
⑤診察結果(しんさつけっか)	**神経痛(しんけいつう)**
⑥薬(くすり)の処方日数(しょほうにっすう)	**1週間(いっしゅうかん)**

(3) 치료와 처방약에 대한 설명을 해 봅시다!

간호사 : では、こちらの処置室(しょちしつ)へどうぞ。

환자분 : はい。

간호사 : (①)。

환자분 : はい。わかりました。

간호사 : では、(②)。(③)。(④)。

환자분 : はい。大丈夫(だいじょうぶ)です。

・・・(処置終了(しょちしゅうりょう))・・・

간호사 : (⑤)様(さま)、お疲(つか)れさまです。お体(からだ)の調子(ちょうし)はいかがでしょうか。

환자분 : だいぶ楽(らく)になりました。

간호사 : それはよかったです。では、ゆっくりで大丈夫(だいじょうぶ)ですので、
会計窓口(かいけいまどぐち)でお薬(くすり)をもらいましょう。

환자분 : はい。

간호사 : こちらが本日処方(ほんじつしょほう)されましたお薬(くすり)でございます。
1日(にち)(⑥)、(⑦)にご服用(ふくよう)ください。

Ⅰ	
①치료를 위한 지시	こちらでうつ伏せに寝てください
②치료 내용	注射をします
③치료 때문에 발생할 증상	少しちくっとします
④치료 중 주의사항	しびれる感じはございませんか
⑤환자분 성함	木村
⑥하루의 복용 횟수	3回
⑦복용할 때	空腹時

Ⅱ	
①処置のための指示	こちらで仰向けに寝てください
②処置内容	電気治療をします
③処置にともなう症状	少しじりじりとしびれます
④処置による注意事項	強い痛みはございませんか
⑤患者様のお名前	石川
⑥1日の服用回数	2回
⑦服用する時	食後

칼럼 E 여러 통증표현

目(め) 눈			
①ごろごろする	뻑뻑하다	②ちくちくする	따끔거린다

喉(のど) 목			
③からからする	칼칼하다	④がらがらする	걸걸하다
⑤いがいがする	따끔거리다		

お腹(なか) 배			
⑥しくしくする	살살 아프다	⑦ぴりぴりする	찌릿찌릿하다
⑧きりきりする	콕콕 쑤신다	⑨むかむかする	거북하다
⑩ずきずきする	욱신욱신하다	⑪ちくちくする	콕콕 짜르다
⑫刺(さ)されるように痛(いた)い	찌르는 듯이 아프다	⑬切(き)られるように痛(いた)い	에는 듯이 아프다
⑭えぐられるように痛(いた)い	도려내는 듯이 아프다	⑮しみるように痛(いた)い	얼얼하게 아프다
⑯しびれるように痛(いた)い	저리듯이 아프다	⑰ちぎれるように痛(いた)い	찢어질 듯이 아프다
⑱ねじれるように痛(いた)い	뒤틀리듯이 아프다	⑲焼(や)けるように痛(いた)い	타는 듯이 아프다

傷(きず) 상처			
⑳ずきずきする	욱신거리다	㉑じんじんとする	저릿저릿하다 지끈지끈하다
㉒ひりひりする	아리다, 얼얼하다 따금따금하다	㉓じゅくじゅくする	짓무르다
㉔むずむずする	근질거린다		

頭(あたま) 머리			
㉕ずきずきする	쑤시다, 욱신거리다	㉖ずきんずきんする	욱신욱신하다 지끈거린다
㉗がんがんする	띵하다	㉘くらくらする	어질어질하다

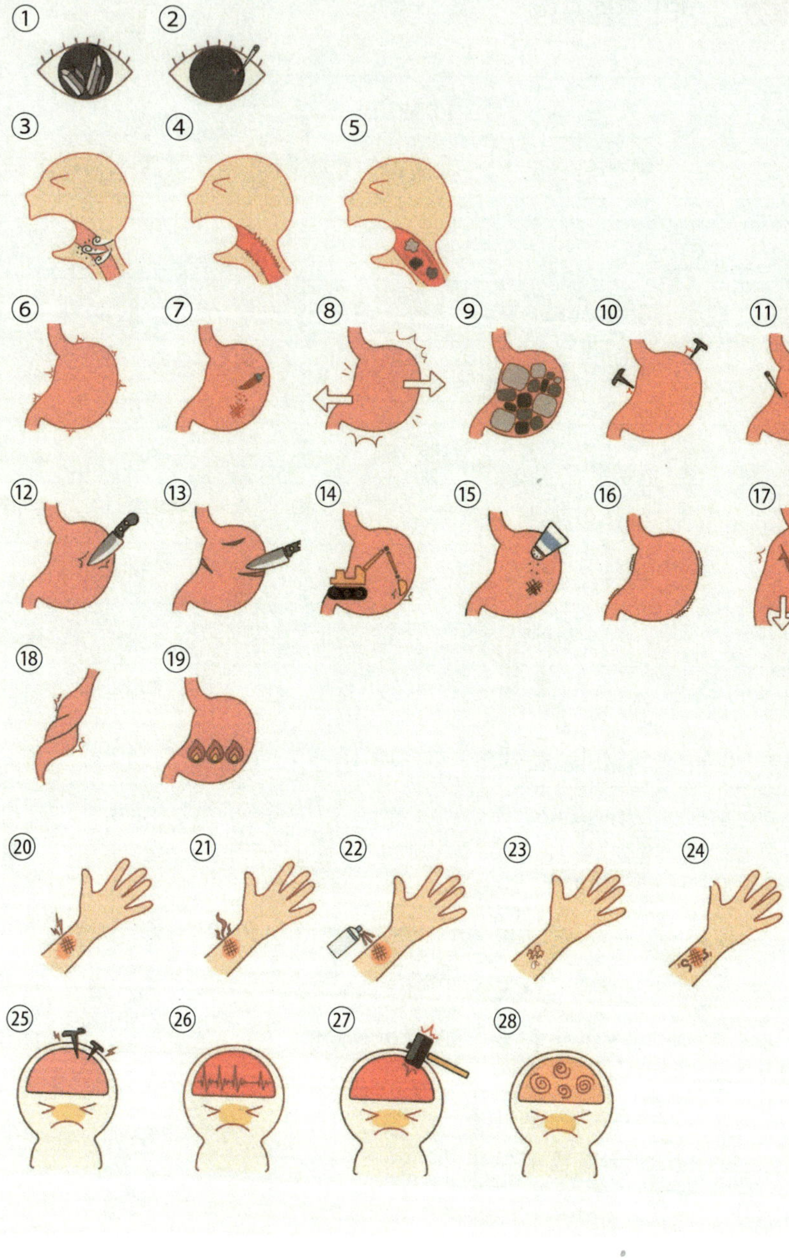
① ②
③ ④ ⑤
⑥ ⑦ ⑧ ⑨ ⑩ ⑪
⑫ ⑬ ⑭ ⑮ ⑯ ⑰
⑱ ⑲
⑳ ㉑ ㉒ ㉓ ㉔
㉕ ㉖ ㉗ ㉘

칼럼 F 여러 얼굴표현

顔(かお) 얼굴			
①濃(こ)い顔(かお) ソース顔(がお)	이목구비가 뚜렷한 얼굴 (외국인 같은 얼굴)	②薄(うす)い顔(かお) 地味(じみ)な顔(かお)	인상이 약한 얼굴 수수한 얼굴
③派手(はで)な顔(かお)	화려한 얼굴	④上品(じょうひん)な顔(かお)	우아한 얼굴
⑤しょうゆ顔(がお)	깔끔한 얼굴		

目(め) 눈			
⑥大(おお)きい目(め)	큰 눈	⑦小(ちい)さい目(め)	작은 눈
⑧ぱっちりした目(め)	또렷한 눈	⑨くりくりした目(め)	동글동글한 눈
⑩ぎょろ目(め)	크고 잘 움직이는 눈	⑪つぶらな瞳(ひとみ)	둥글고 귀여운 눈동자
⑫細(ほそ)い目(め)	가느다란 눈	⑬切(き)れ長(なが)な目(め)	길게 째진 눈
⑭つり目(め)	눈꼬리가 올라간 눈	⑮たれ目(め)	눈꼬리가 쳐진 눈
⑯一重(ひとえ)まぶた	홑꺼풀	⑰二重(ふたえ)まぶた	쌍꺼풀
⑱ぱっちり二重(ふたえ)	진한 쌍꺼풀	⑲ぶ厚(あつ)いまぶた	두꺼운 눈꺼풀
⑳薄(うす)いまぶた	얇은 눈꺼풀	㉑腫(は)れぼったいまぶた	부은 것 같은 눈꺼풀

鼻(はな) 코			
㉒大(おお)きい鼻(はな)	큰 코	㉓小(ちい)さい鼻(はな)	작은 코
㉔団子(だんご)っ鼻(ぱな)	주먹 코	㉕わし鼻(ばな)	매부리코
㉖とがった鼻(はな)	날렵한 코	㉗平(ひら)たい鼻(はな)	넓적한 코
㉘上(うえ)を向(む)いた鼻(はな)	벌렁 코		

歯(は) 이			
㉙大(おお)きい歯(は)	큰 이	㉚小(ちい)さい歯(は)	작은 이
㉛出(で)っ歯(ば)	뻐드렁니	㉜すきっ歯(ば)	사이에 공간이 있는 이

しわ 주름			
㉝深(ふか)いしわ	깊은 주름	㉞浅(あさ)いしわ	옅은 주름
㉟小(こ)じわ	잔주름	㊱目(め)じりのしわ	눈가 주름
㊲ほうれい線(せん)	팔자주름		

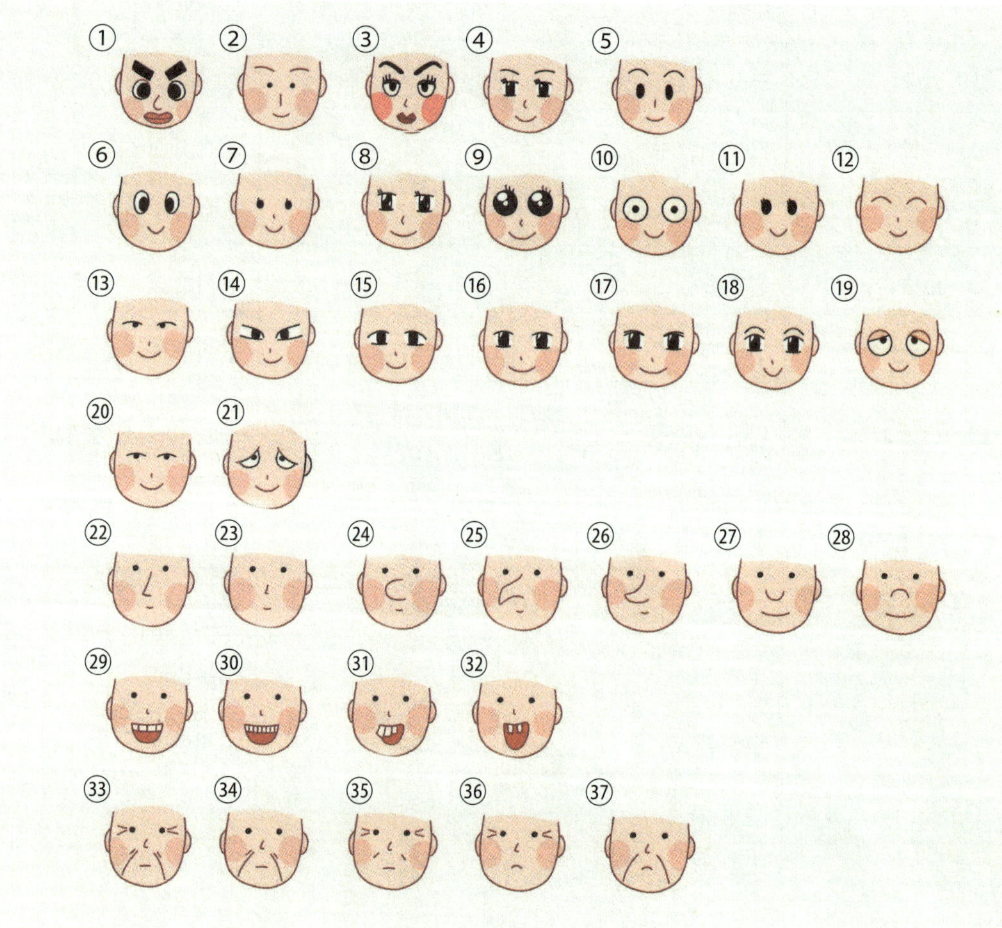

第11課　무역 서비스

第11課 무역 서비스

기본회화 1 【비즈니스 인사말】

社員(しゃいん)(キム)：はじめまして。本日(ほんじつ)より御社(おんしゃ)との取引(とりひ)きを担当(たんとう)させていただきます。

富士貿易株式会社(ふじぼうえきかぶしきがいしゃ)のキムと申(もう)します。よろしくお願(ねが)いいたします。

・・・(名刺(めいし)を渡(わた)す)・・・＊칼럼G

取引先(とりひきさき)(織田(おだ))：頂戴(ちょうだい)いたします。富士貿易株式会社(ふじぼうえきかぶしきがいしゃ)のキム様(さま)でいらっしゃいますね。

いつもお世話(せわ)になっております。

私(わたくし)、トヨタ自動車(じどうしゃ)の織田(おだ)と申(もう)します。

こちらこそよろしくお願(ねが)いいたします。

・・・(名刺(めいし)をもらう)・・・＊칼럼G

社員(しゃいん)：頂戴(ちょうだい)いたします。トヨタ自動車(じどうしゃ)の織田様(おださま)でいらっしゃいますね。

何(なに)かと至(いた)らないところがあるかと思(おも)いますが、何卒(なにとぞ)よろしくお願(ねが)いいたします。

取引先(とりひきさき)：いえいえ。とんでもございません。

こちらこそ、今後(こんご)とも何卒(なにとぞ)よろしくお願(ねが)いいたします。

사 원 : 처음 뵙겠습니다. 오늘부터 귀사와의 거래를 담당하게 된
후지무역주식회사의 김영수라고 합니다. 잘 부탁드립니다.

…(명함을 건네다)…

거래처 : 감사합니다. 후지무역주식회사의 김영수님이시군요.
항상 신세 지고 있습니다.
저는 토요타자동차의 오다라고 합니다.
저야말로 잘 부탁드립니다.

…(명함을 받는다)…

사 원 : 감사합니다. 토요타자동차의 오다님이시군요.
여러 가지로 부족한 점이 많습니다만, 아무쪼록 잘 부탁드립니다.

거래처 : 아니요, 전혀 당치도 않은 말씀이십니다.
저야말로 앞으로도 아무쪼록 잘 부탁드립니다.

기본어휘와 기본표현

1)	御社(おんしゃ)	귀사	2)	取引(とりひ)き	거래
3)	担当(たんとう)	담당	4)	貿易(ぼうえき)	무역
5)	株式会社(かぶしきがいしゃ)	주식회사	6)	申(もう)す	말씀드리다. ~라고 합니다.
7)	名刺(めいし)	명함	8)	渡(わた)す	건네다
9)	頂戴(ちょうだい)する	받다	10)	お世話(せわ)になる	신세 지다, 신세가 많다
11)	自動車(じどうしゃ)	자동차	12)	何(なに)かと	이것저것, 여러가지로
13)	至(いた)らない	이르지 않다, 부족하다	14)	何卒(なにとぞ)	아무쪼록, 부디
15)	とんでもない	당치도 않다	16)	今後(こんご)とも	앞으로도

御社(おんしゃ)には、いつもお世話(せわ)になっております。

(귀사에는 늘 신세 지고 있습니다.)

本日(ほんじつ)より、御社(おんしゃ)の担当(たんとう)になりました。(오늘부터 귀사의 담당이 되었습니다.)

お名刺(めいし)を頂戴(ちょうだい)いたします。(명함을 감사히 받겠습니다.)

何(なに)かと至(いた)らないところがあるかと思(おも)いますが、よろしくお願(ねが)いいたします。

(여러 가지로 부족한 점이 많습니다만, 잘 부탁드립니다.)

今後(こんご)ともお世話(せわ)になります。(앞으로도 잘 부탁드립니다.)

기본회화 2 【일정 약속 잡기】

社　員：失礼いたします。私、富士貿易株式会社のキムと申します。
新商品のサンプルの件でお電話させていただきました。
担当の織田様はいらっしゃいますでしょうか。

取引先：はい。織田です。キム様ですね。お電話ありがとうございます。

社　員：こちらこそ、お忙しい中ありがとうございます。
早速ですが、新商品のサンプルの件で、
近いうちにお目にかかる機会をいただけないかと思いまして。

取引先：はい。けっこうですよ。では、来週火曜日の午後３時はいかがでしょうか。

社　員：ありがとうございます。その時間でけっこうです。
それでは、来週火曜日の午後３時に貴社にお伺いしたいと思います。

取引先：承知しました。お待ちしております。

社　員：ありがとうございます。それでは失礼いたします。

取引先：失礼いたします。

사 원 : 실례합니다. 저, 후지무역주식회사의 김영수라고 합니다.
신상품 샘플 건으로 전화 드렸습니다만, 담당자이신 오다님 계신가요?

거래처 : 네. 오다입니다. 김영수님이시군요. 전화 주셔서 감사합니다.

사 원 : 저야말로, 바쁘실 텐데 감사합니다.
바로 용건을 말씀드리면, 신상품 샘플 건으로 가까운 시일 내에 만나 뵐 수 있을까 싶어서요.

거래처 : 네. 괜찮습니다. 그럼 다음 주 화요일 오후 3시는 어떠신가요?

사 원 : 감사합니다. 그 시간으로 하죠.
그럼, 다음 주 화요일 오후 3시에 귀사를 방문하겠습니다.

거래처 : 알겠습니다. 기다리고 있겠습니다.

사 원 : 감사합니다. 그럼 먼저 실례하겠습니다.

거래처 : 실례하겠습니다.

기본어휘와 기본표현

1)	新商品(しんしょうひん)	신상품	2)	サンプル	샘플
3)	～の件(けん)	~의 건	4)	お忙(いそが)しい中(なか)	바쁘신 와중에
5)	早速(さっそく)	즉시, 바로	6)	近(ちか)いうち	조만간, 가까운 시일 내
7)	お目(め)にかかる	만나 뵙다	8)	機会(きかい)	기회
9)	けっこうです	괜찮습니다	10)	いかがでしょうか	어떻습니까
11)	それでは	그럼	12)	貴社(きしゃ)	귀사
13)	お伺(うかが)いする	방문하다	14)	お待(ま)ちする	기다리다
15)	失礼(しつれい)いたします	실례합니다	16)	お電話(でんわ)が遠(とお)いようなのですが	잘 들리지 않습니다만

こちらが、新商品(しんしょうひん)のサンプルでございます。

(이쪽이 신상품 샘플입니다.)

本日(ほんじつ)は、来週(らいしゅう)の打(う)ち合(あ)わせの件(けん)でお電話(でんわ)しました。

(오늘은 다음 주에 있을 회의 건으로 전화했습니다.)

お忙(いそが)しい中(なか)、申(もう)し訳(わけ)ございません。(바쁘실 텐데 죄송합니다.)

早速(さっそく)、資料(しりょう)を送(おく)らせていただきます。(바로 자료를 보내드리겠습니다.)

お目(め)にかかる機会(きかい)をいただけないかと思(おも)いまして。

(만나 뵐 수 있을까 싶어서요.)

すみません。お電話(でんわ)が遠(とお)いようなのですが。

(죄송하지만, 잘 들리지 않습니다만.)

기본회화 3 【거래처 방문】

社　員：私、富士貿易株式会社のキムと申します。
本日午後3時に約束がございまして、
営業部の織田様にお取次ぎいただきたいんですが。

受　付：かしこまりました。
それでは恐れ入りますが、こちらに御社名とお名前を
いただけますでしょうか。

・・・(記入後)・・・

受　付：ありがとうございます。
では、こちらが来館者証でございます。
見える位置にお付けになって7階へお上がりください。

社　員：はい。ありがとうございます。

・・・(7階到着)・・・

取引先：キム様、お待ちしておりました。
本日は遠いところをわざわざご足労いただき
ありがとうございます。
それでは、こちらへどうぞ。* 칼럼8

社　員：こちらこそ、お忙しい中、お時間をいただき誠に
ありがとうございます。

取引先：いえいえ。では、こちらへどうぞ。

사 원 : 저… 후지무역주식회사의 김영수라고 합니다.
오늘 오후 3시에 약속이 있어서 영업부 오다님께 전해주셨으면 합니다만...

접수원 : 알겠습니다.
그럼 죄송하지만, 여기에 성함이랑 회사명을 작성해 주시겠습니까.

…(기입후)…

접수원 : 감사합니다. 그럼, 이게 방문증입니다.
방문증을 잘 보이는 위치에 착용하시고 7층으로 올라가시면 됩니다.

사 원 : 네. 감사합니다.

…(7층 도착)…

거래처 : 김영수님, 기다리고 있었습니다.
오늘 이렇게 일부러 먼 발걸음 해주셔서 감사합니다.
그럼, 이쪽으로 와 주세요.

사 원 : 저야말로 바쁘실 텐데 시간을 내 주셔서 진심으로 감사합니다.

거래처 : 별 말씀을요. 그럼, 이쪽으로 와 주세요.

기본어휘와 기본표현

1)	取次(とりつ)ぐ	전하다	2)	恐(おそ)れ入(い)りますが	죄송합니다만
3)	御社名(おんしゃめい)	귀사명	4)	お名前(なまえ)	성함
5)	来館者証(らいかんしゃしょう)	방문증	6)	お付(つ)けになる	착용하시다
7)	いらっしゃる	오시다	8)	遠(とお)いところ	먼 길
9)	わざわざ	일부러	10)	ご足労(そくろう)	고생 발걸음
11)	お時間(じかん)をいただく	시간을 내주시다	12)	お時間(じかん)を割(さ)いてくださる	시간을 할애해 주시다
13)	誠(まこと)に	정말로	14)	お約束(やくそく)はいただいておりますでしょうか。	약속은 하셨는지요?

恐(おそ)れ入(い)りますが、お約束(やくそく)はございますでしょうか。

(죄송합니다만, 약속하셨는지요?)

こちらが来館者証(らいかんしゃしょう)でございます。(이게 방문증입니다.)

ご足労(そくろう)いただきありがとうございます。(먼 발걸음 해주셔서 감사합니다.)

표현 차이에 유의하자!

来(き)てくれてありがとうございます。(와줘서 고맙습니다) : 친한 사람한테 쓰는 표현

来(き)てくださりありがとうございます。: 일반적인 비즈니스 표현

お越(こ)しいただきありがとうございます。: 왕림해주신 것에 감사하는 정중한 표현

ご足労(そくろう)いただきありがとうございます。: 멀리까지 오시느라 고생하신 손님께 쓰는 표현

本日(ほんじつ)は、お時間(じかん)を割(さ)いてくださりありがとうございます。

(오늘 시간을 내 주셔서 감사합니다.)

本日お約束(やくそく)いただいておりますでしょうか。

(오늘 약속은 하셨는지요?)

표현 차이에 유의하자!

約束(やくそく)はありますか。(약속은 했나요) : 비즈니스 및 서비스 일본어에서 사용불가

お約束(やくそく)はございます(でしょう)か。: 비즈니스 일본어 표현

お約束(やくそく)はいただいております(でしょう)か。: 서비스 일본어 표현

문형연습

(1)「～いただけないでしょうか。」

~해주시지 않겠습니까? (상대방에게 결정을 촉구할 때 사용)

· 近(ちか)いうちにお目(め)にかかる機会(きかい)をいただけないでしょうか。

(가까운 시일 내로 만나 뵐 수 없겠습니까?)

· 私(わたくし)どもの商品(しょうひん)を見(み)ていただけないでしょうか。

(저희 제품을 봐주시지 않겠습니까?)

· 新商品(しんしょうひん)を味見(あじみ)していただけないでしょうか。

(신제품을 맛보아 주시지 않겠습니까?)

연습

밑줄 친 부분을「**～いただけないでしょうか**」문형으로 고쳐 문장을 완성하시오.

① どうか取引(とりひ)きの継続(けいぞく)を検討(けんとう)してもらえませんか。

→

② 新(しん)プランの内容(ないよう)を確認(かくにん)してもらえませんか。

→

③ 課長(かちょう)がお戻(もど)りになりましたら、お電話(でんわ)もらえませんか。

→

(2)「～いただけないかと思いまして。」

~을 할 수 없을까 싶어서. ~해주시지 않을까 싶어서.

(화자의 희망사항을 겸손하게 말할 때 사용)

· 近いうちにお目にかかる機会をいただけないかと思いまして。
  (가까운 시일 내로 만나 뵐 수 없을까 싶어서.)

· 私どもの商品を見ていただけないかと思いまして。
  (저희 제품을 봐주시지 않을까 싶어서.)

· 新商品を味見していただけないかと思いまして。
  (신제품을 맛보아 주시지 않을까 싶어서.)

연습

밑줄 친 부분을「～いただけないかと思いまして」문형으로 고쳐 문장을 완성하시오.

① 新商品の取引きを検討してもらえませんか。

→

② 進行中の事業を再確認してもらえませんか。

→

③ 会議内容のコピーをもらえませんか。

→

(3)「~いただけますでしょうか。」

~을 할 수 있을까요? ~해주실 수 있을까요? (정중하게 의뢰할 때 사용)

· こちらに御社名(おんしゃめい)とお名前(なまえ)をいただけますでしょうか。

(이쪽에 회사명과 성함을 작성해 주시겠습니까?)

· こちらにご住所(じゅうしょ)をいただけますでしょうか。

(이쪽에 주소를 적어주시겠습니까?)

· 身分証(みぶんしょう)を見(み)せていただけますでしょうか。

(신분증을 보여 주실 수 있을까요?)

연습

밑줄 친 부분을 「**~いただけますでしょうか**」 문형으로 고쳐 문장을 완성하시오.

① こちらにお名前(なまえ)を書いてください。

→

② 来週中(らいしゅうちゅう)に弊社(へいしゃ)に来(き)てください。

→

③ 連絡先(れんらくさき)を下(くだ)さい。

→

※「~てください」「下(くだ)さい」보다 상대방에게 주는 압박감을 약하게 해서 부탁을 할 때는, 「**いただけますでしょうか**」가 된다.

회화연습

(1) 거래처와 인사를 해 봅시다 !

사　원 : はじめまして。本日(ほんじつ)より御社(おんしゃ)との取引(とりひ)きを担当(たんとう)させていただきます。
(①)の(②)と申(もう)します。よろしくお願(ねが)いいたします。

・・・(名刺(めいし)を渡(わた)す)・・・

거래처 : 頂戴(ちょうだい)いたします。(①)の(②)様(さま)でいらっしゃいますね。
いつもお世話(せわ)になっております。
私(わたくし)、(③)の(④)と申(もう)します。
こちらこそよろしくお願(ねが)いいたします。

・・・(名刺(めいし)をもらう)・・・

사　원 : 頂戴(ちょうだい)いたします。(③)の(④)様(さま)でいらっしゃいますね。
何(なに)かと至(いた)らないところがあるかと思(おも)いますが、何卒(なにとぞ)よろしくお願(ねが)いいたします。

거래처 : いえいえ。とんでもございません。
こちらこそ、今後(こんご)とも何卒(なにとぞ)よろしくお願(ねが)いいたします。

Ⅰ	
①자기 회사명	**ハナ貿易(ぼうえき)**
②자기 이름	**キム·スジン**
③거래처 회사명	**オリオン株式会社(かぶしきがいしゃ)**
④거래처 담당자 분 성함	**本田啓介(ほんだけいすけ)**

Ⅱ	
①自分(じぶん)の会社名(がいしゃめい)	**ハンイル貿易(ぼうえき)**
②自分(じぶん)の名前(なまえ)	**パク·ソンミン**
③取引先(とりひきさき)の会社名(がいしゃめい)	**ライオン株式会社(かぶしきがいしゃ)**
④取引先(とりひきさき)の方(かた)のお名前(なまえ)	**山崎(やまざき)あかね**

(2) 전화로 일정 약속을 잡아 봅시다 !

사　원 ：失礼いたします。私、(①)の(②)と申します。
(③)の件でお電話させていただきました。
担当の(④)様はいらっしゃいますでしょうか。

거래처 ：はい。(④)です。(②)様ですね。
お電話ありがとうございます。

사　원 ：こちらこそ、お忙しい中ありがとうございます。
早速ですが、(③)の件で、
近いうちにお目にかかる機会をいただけないかと思いまして。

거래처 ：はい。けっこうですよ。では、(⑤)はいかがでしょうか。

사　원 ：ありがとうございます。その時間でけっこうです。
それでは、(⑤)に貴社にお伺いしたいと思います。

거래처 ：承知しました。お待ちしております。

사　원 ：ありがとうございます。それでは失礼いたします。

거래처 ：失礼いたします。

I	
①자기 회사명	ハナ貿易
②자기 이름	キム
③용건	新しいお取引き
④거래처 담당자 성함	本田
⑤약속 일시	3月2日水曜日の午前11時

II	
①自分の会社名	ハンイル貿易
②自分の名前	パク
③用件	お送りいただいたサンプル
④取引先の方のお名前	山崎
⑤アポイントの日時	再来週金曜日の午後4時

(3) 거래처를 방문해 봅시다 !

사　원 ：私、(①)の(②)と申します。
本日(③)から約束がございまして、
(④)の(⑤)様にお取次ぎいただきたいんですが。

접수원 ：かしこまりました。
それでは恐れ入りますが、こちらに御社名とお名前を
いただけますでしょうか。

・・・(記入後)・・・

접수원 ：ありがとうございます。では、こちらが来館者証で
ございます。
お付けになって(⑥)へいらっしゃってください。

사　원 ：はい。ありがとうございます。

・・・(応接室に到着)・・・

거래처 ：(②)様、お待ちしておりました。
本日は遠いところをわざわざご足労いただき
ありがとうございます。
それでは、こちらへどうぞ。

사　원 ：こちらこそ、お忙しい中、お時間をいただき
誠にありがとうございます。

거래처 ：いえいえ。では、こちらへどうぞ。

I	
①자기 회사명	**ハナ貿易**
②자기 이름	**キム**
③약속 시간	**午前11時**
④거래처 담당자 분 소속부서	**総務部**
⑤거래처 담당자 분 성함	**本田**
⑥응접실 위치(층)	**3階**

II	
①自分の会社名	**ハンイル貿易**
②自分の名前	**パク**
③約束の時間	**午後4時**
④取引先の方の所属部署	**営業部**
⑤取引先の方のお名前	**山崎**
⑥接室の階	**11階**

칼럼 G 명함 교환

〈명함을 드릴 때의 주의 사항〉

1) 명함을 드리는 순서는 자기부터!

2) 상대방이 보기 쉽게 드려야 함!

3) 회사 이름, 자기 이름에 손가락을 놓으면 안 됨!

〈명함을 받을 때의 주의 사항 〉

1) 명함을 받을 때, 회사 이름, 상대방 이름에 손가락으로 가리면 안 됨!

2) 상대방 이름의 한자를 못 읽으면 명함 교환 할 때, 꼭 확인!! (나중에 물어보면 실례가 됨.)

3) 받은 명함은 바로 가방에 넣지 말고, 책상 위에 잘 둔다!

칼럼 H　상좌(上座) · 하좌(下座)

일본에서는 상황에 따라, 높은 사람이 앉는 자리가 바뀌기 때문에,
아래와 같이 여러 상좌 (上座) · 하좌 (下座) 을 알고 있어야 된다.

※ ① ② ③ ④ ⑤ ⑥ ⑦ ⑧

상석←　　　→하석

1) 응접실

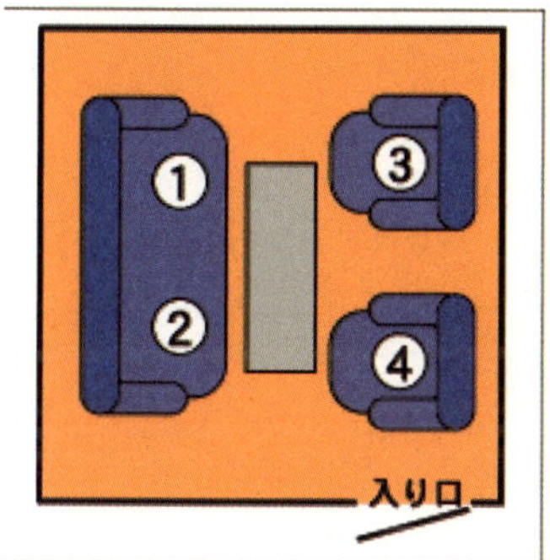

· 입구에서 제일 먼 자리가 상석이다.
· 2인용 소파가 있으면, 2인용 소파가 상석이다.
· 차를 드릴 때도 상석 ①부터 순서대로 드린다.

2) 회의실

· 의장이 중간 자리에 앉는다.
· 의장과 가까운 자리가 상석이다.
· 입구에서 제일 먼 자리가 상석이다.

3) 자동차

(택시)

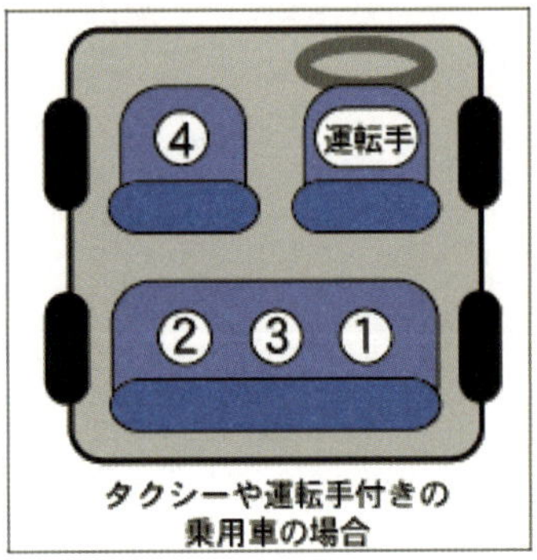

〈택시나 운전수가 있는 승용차의 경우〉

· 안전한 운전수 좌석 뒤가 상석이다.

· 후부좌석에 3명으로 앉을 때, 중간이 하석이다.

(자가용차)

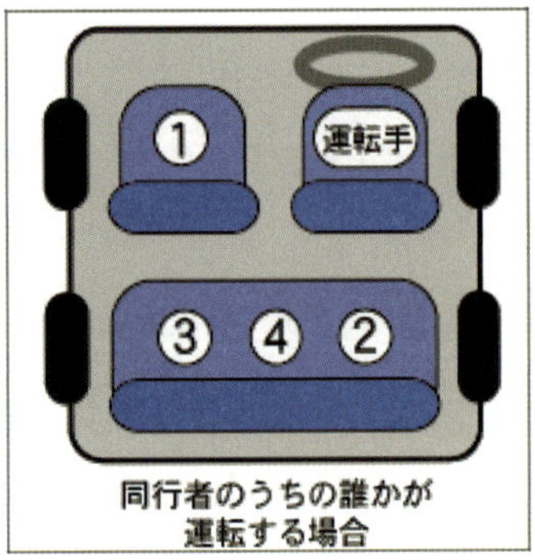

〈동행자 중 누군가가 운전할 경우〉

· 4명~5명으로 앉을 때는, 조수석이 상석이다.

· 후부좌석에 3명으로 앉을 때, 중간이 하석이다.

4) 일본식 방(和室(わしつ))

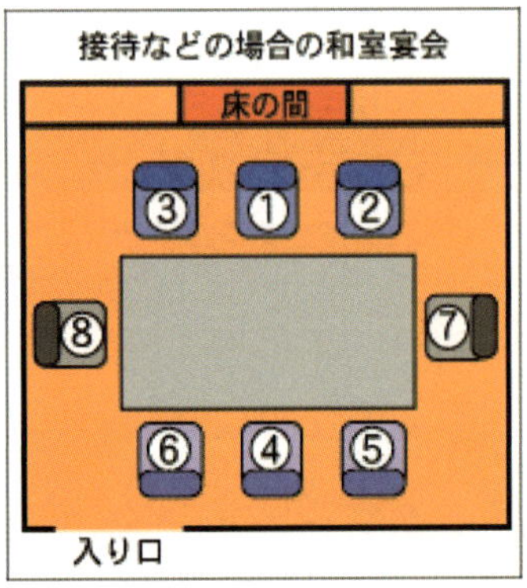

· 일본식 룸에서는, 장식이 있는 곳(床(とこ)の間(ま))

앞이 상석이다.

· 입구에서 제일 가까운 자리가 하석이다.

· 접대할 때는, 손님은 같은 회사끼리 앉고,

중앙이 ①, 입구에서 먼 자리가 ②,

입구에서 가까운 자리가 ③이 된다.

· ⑦⑧은 요리에서 멀기 때문에 하석이고,

⑧은 입구에 가까워서 제일 하석.

第12課　음식점 서비스

第12課　음식점 서비스

기본회화 1　【좌석 안내 (초밥집)】

店　員：いらっしゃいませ。何名様でしょうか。

お客様：2人です。

店　員：2名様ですね。おタバコはお吸いになりますか。

お客様：吸いません。

店　員：かしこまりました。
カウンター席とテーブル席がございますが、
どちらにいたしましょうか。

お客様：では、テーブル席でお願いします。

店　員：かしこまりました。それではお席にご案内いたします。

(お客様がお席につかれて、メニューを差し出しながら)

ご注文は、こちらのパネルから入力をお願いいたします。
お茶のお湯はそちらのレバーを押してご利用ください。
うどんやお味噌汁などのサイドメニュー、
ビールやコーラなどのお飲み物もございますので、
そちらもご覧くださいませ。

お客様：はい。ありがとうございます。

점 원 : 어서오세요. 몇분이세요?

손 님 : 두 명이에요.

점 원 : 두 분이시네요. 담배는 피우십니까?

손 님 : 안 피워요.

점 원 : 알겠습니다.
카운터 좌석과 테이블 좌석이 있습니다만, 어느 쪽이 괜찮으세요?

손 님 : 그럼, 테이블 좌석으로 부탁합니다.

점 원 : 알겠습니다. 그러면, 자리로 안내해 드리겠습니다.

… (손님이 앉으시면, 메뉴판을 드리면서)…

점 원 : 주문은 이쪽 패널로 입력 부탁드립니다.
녹차의 온수는 그쪽 레버를 눌러서 이용해주십시오.
우동이나 된장국 등 사이드 메뉴, 맥주나 콜라 등
음료수도 준비 되어 있으니까 그 쪽도 살펴봐주십시오.

손 님 : 네, 감사합니다.

기본어휘와 기본표현

1)	何名様	몇 분	2)	カウンター席	카운터 좌석
3)	テーブル席	테이블 좌석	4)	テラス席	테라스 좌석
5)	個室	개인실	6)	ご案内	안내
7)	席につく	자리에 앉다	8)	差し出す	내다/드리다
9)	注文	주문	10)	入力	입력
11)	お湯	따뜻한 물	12)	お味噌汁	된장국
13)	むらさき(醤油)	간장	14)	がり (甘酢漬け生姜)	식초에 조린 생강
15)	あがり(お茶)	녹차	16)	ネタ (お寿司の具材)	초밥 재료
17)	さび(わさび)	고추냉이	18)	シャリ(寿司飯)	식초 쌀밥
19)	カッパ(きゅうり)	오이	20)	鉄火 (マグロの赤身)	참치 붉은 살
21)	とろ (マグロの脂身)	참치 지방 살	22)	いなり (あぶらあげの寿司)	유부 초밥

「인원수」 표현에 유의하자!

〈손님이 사용하시는 표현〉

1人(ひとり)	2人(ふたり)	3人(さんにん)	4人(よにん)	5人(ごにん)	6人(ろくにん)	7人(ななにん)	8人(はちにん)	9人(きゅうにん)	10人(じゅうにん)

〈직원이 사용하시는 표현〉

1名様(いちめいさま) お1人様(ひとりさま)	2名様(にめいさま) お2人様(ふたりさま)	3名様(さんめいさま)	4名様(よんめいさま)	5名様(ごめいさま)	6名様(ろくめいさま)	7名様(ななめいさま)	8名様(はちめいさま)	9名様(きゅうめいさま)	10名様(じゅうめいさま)

〈직원이 사용하는 표현〉

何名様(なんめいさま)でしょうか。(몇분이세요?)

3名様(さんめいさま)ですね。(세분이시네요.)

おタバコはお吸(す)いになりますか。(담배는 피우십니까?)

テラス席(せき)でもよろしいでしょうか。(테라스 좌석이라도 괜찮으세요?)

個室(こしつ)のご用意(ようい)がございます。(개인실이 있습니다.)

기본회화 2 【주문 받기 (패밀리 레스토랑)】

お客様 ：すみません。

店　員 ：お待たせいたしました。ご注文をお伺いいたします。

お客様 ：クリームパスタ1つとオムライス1つお願いします。

店　員 ：かしこまりました。お飲み物はいかがなさいますか。

お客様 ：ホットコーヒー1つとアイスティー1つで。

店　員 ：かしこまりました。お飲み物はいつごろお持ちしますか。

お客様 ：食後でお願いします。

店　員 ：かしこまりました。それではご注文の確認をさせていただきます。
クリームパスタをお1つ、オムライスをお1つ。
お飲み物は、ホットコーヒーお1つとアイスティーお1つでよろしかったでしょうか。

お客様 ：はい。大丈夫です。

店　員 ：それでは、少々お待ちください。

・・・(料理が来て)・・・

店　員 ：お待たせいたしました。
こちら、クリームパスタと、オムライスでございます。
ごゆっくりお召し上がりください。

손님 : 저기요.

점원 : 오래 기다리셨습니다. 주문을 도와드리겠습니다.

손님 : 크림파스타 하나랑 오므라이스 하나 부탁합니다.

점원 : 알겠습니다. 음료는 무엇으로 하시겠습니까 ?

손님 : 따뜻한 커피 하나랑 아이스티 하나 주세요.

점원 : 알겠습니다. 음료는 언제 가져다 드릴까요?

손님 : 식후로 부탁합니다.

점원 : 알겠습니다. 그러면 주문내용을 확인하겠습니다.
크림파스타 하나, 오므라이스 하나
음료는 따뜻한 커피 하나랑 아이스티 하나로 괜찮으시겠어요?

손님 : 네. 괜찮습니다.

… (요리가 나오고) …

점원 : 오래 기다리셨습니다.
여기 크림파스타랑 오므라이스입니다.
천천히 맛있게 드십시오.

기본어휘와 기본표현

1)	待(ま)たせる	기다리게 하다	2)	注文(ちゅうもん)	주문
3)	伺(うかが)う	묻다	4)	クリームパスタ	크림 파스타
5)	オムライス	오므라이스	6)	カレーライス	카레라이스
7)	ピザ	피자	8)	牛丼(ぎゅうどん)	소고기 덮밥
9)	天丼(てんどん)	튀김 덮밥	10)	親子丼(おやこどん)	닭고기 계란 덮밥
11)	日替(ひが)わり定食(ていしょく) 店長(てんちょう)のきまぐれ定食(ていしょく)	날마다 바뀌는 정식	12)	店長(てんちょう)のおすすめ定食(ていしょく)	점장 추천 정식
13)	ドリア	토리아	14)	ざるそば	소스에 찍어 먹는 냉모밀
15)	ホットコーヒー	따뜻한 커피	16)	アイスコーヒー	냉커피
17)	紅茶(こうちゃ)	홍차	18)	アイスティー	아이스티
19)	生(なま)ビール/生(なま)	생 맥주	20)	日本酒(にほんしゅ)	일본정종
21)	梅酒(うめしゅ)	매실주	22)	確認(かくにん)	확인
23)	少々(しょうしょう)	잠깐만	24)	召(め)し上(あ)がる	드시다

お客様(きゃくさま)、お待(ま)たせいたしました。(손님, 오래 기다리셨습니다.)

ご注文(ちゅうもん)をお伺(うかが)いいたします。(주문을 도와드리겠습니다.)

カレーライス2つ(ふたつ)お願(ねが)いします。(카레라이스 두개 부탁합니다.)

お飲(の)み物(もの)はアイスコーヒーでよろしかったでしょうか。(음료는 아이스커피로 괜찮으세요?)

梅酒(うめしゅ)ロックでお願(ねが)いします。(얼음에 매실주를 넣어 주세요.)

술에 관한 표현을 확인하자!

梅酒(うめしゅ)ストレートでお願(ねが)いします。(매실주 원액으로 주세요.)

梅酒(うめしゅ)ソーダ割(わ)りでお願(ねが)いします。(매실주와 탄산수를 섞어 주세요.)

梅酒(うめしゅ)水(みず)割(わ)りでお願(ねが)いします。(매실주와 물을 섞어 주세요.)

梅酒(うめしゅ)ロックでお願(ねが)いします。(얼음에 매실주를 넣어 주세요.)

기본회화 3 【계산(패밀리 레스토랑)】

お客様：お会計お願いします。

店　員：かしこまりました。

お支払いは別々になさいますか。ご一緒になさいますか。

お客様：別々でお願いします。

店　員：かしこまりました。

ではまず、クリームパスタとホットコーヒーのお客様はお会計が消費税込みで1,390円でございます。

お客様：1,500円でお願いします。

店　員：1,500円お預かりいたします。

(おつりとレシートを渡しながら) こちらが、110円のお返しとレシートでございます。

オムライスとアイスティーのお客様はお会計が1,470円でございます。

お客様：1,470円でお願いします。

店　員：1,470円ちょうどお預かりいたします。

(レシートを渡しながら) こちらが、レシートでございます。

またのお越しをお待ちしております。

손님 : 계산 부탁합니다.

점원 : 알겠습니다.
계산은 따로따로 하시겠습니까? 같이 하시겠습니까?

손님 : 따로따로 하겠습니다.

점원 : 알겠습니다.
그러면, 먼저 크림파스타랑 따뜻한 커피를 주문하신 손님은 가격이 소비세 포함 1,390엔입니다.

손님 : 1,500엔으로 부탁합니다.

점원 : 1,500엔 받았습니다.
(거스름돈과 영수증을 드리면서) 여기 110엔 거스름돈과 영수증입니다.
오므라이스와 아이스티를 주문하신 손님은 가격이 1,470엔입니다.

손님 : 1,470엔으로 부탁합니다.

점원 : 1,470엔 정확히 받았습니다.
(영수증을 드리면서) 여기 영수증입니다.

기본어휘와 기본표현

1)	お会計(かいけい)	계산	2)	お勘定(かんじょう)	계산
3)	お愛想(あいそ)	계산	4)	支払(しはら)い	지불/계산
5)	別々(べつべつ)に	따로따로	6)	一緒(いっしょ)に	같이
7)	お預(あず)かり	맡아 두는 것	8)	お返(かえ)し	거스름돈
9)	レシート	영수증	10)	ちょうど	정확히, 딱
11)	渡(わた)す	주다	12)	またのお越(こ)し	다음의 방문

お会計(かいけい)お願(ねが)いします。(계산해 주세요.)

「계산해 주세요」 표현에 유의하자!

計算(けいさん)してください。(계산해 주세요) : 사용 불가

お会計(かいけい)お願(ねが)いします。(계산 부탁합니다) : 일반적인 표현

お勘定(かんじょう)お願(ねが)いします。: 주로 음식점에서 쓰는 표현

お愛想(あいそ)お願(ねが)いします。: 외상 술값과 밥값 지불으로 유래된 일부 손님이 사용하는 표현

お支払(しはら)いはご一緒(いっしょ)でよろしいでしょうか。(계산은 같이 해도 괜찮습니까?)

お支払(しはら)いは別々(べつべつ)になさいますか。(계산은 따로따로 하시겠습니까?)

표현 차이에 유의하자!

お支払(しはら)いは別々(べつべつ)になさいますか。: 서비스 표현 ○

お支払(しはら)いは割(わ)り勘(かん)になさいますか。: 서비스 표현 ○

1,290円(えん)ちょうどお預(あず)かりいたします。(1,290엔 정확히 받았습니다.)

こちらが700円(えん)のお返(かえ)しとレシートでございます。(여기 700엔 거스름돈이랑 영수증입니다.)

またのお越(こ)しをお待(ま)ちしております。(다음에 또 오실 것을 기대하겠습니다.)

문형연습

(1)「お/ご~になりますか。」~하십니까?
(상대방의 행동을 물어볼 때 사용)

- おタバコはお吸(す)いになりますか。(담배는 피우십니까?)
- 普段(ふだん)から着物(きもの)をお召(め)しになりますか。(평소에도 기모노를 입으십니까?)
- よく国際電話(こくさいでんわ)をお掛(か)けになりますか。(자주 국제전화를 거십니까?)

연습

밑줄 친 부분을「お/ご~になりますか」문형으로 고쳐 문장을 완성하시오.

① 灰皿(はいざら)(재떨이)を利用(りよう)しますか。

→

② お食事(しょくじ)の際(さい)、エプロンは使(つか)いますか。

→

③ お子様(こさま)をつれてきますか。

→

(2)「~になさいますか。」~으로 하시겠습니까?

(상대방의 의사를 물어볼 때)

· お飲(の)み物(もの)は何(なに)になさいますか。(음료는 어떤 것으로 하시겠습니까?)

· お支払(しはら)いは別々(べつべつ)になさいますか。(계산은 따로따로 하시겠습니까?)

· お勘定(かんじょう)はご一緒(いっしょ)になさいますか。(계산은 같이 하시겠습니까?)

연습

밑줄 친 부분을「**~になさいますか**」문형으로 고쳐 문장을 완성하시오.

① サイドメニューは何(なに)にしますか。

→

② お席(せき)は窓側(まどがわ)の席にしますか。

→

③ お支払(しはら)いはカードにしますか。

→

회화연습

(1) 손님을 좌석에 안내합시다 !

점　원 : いらっしゃいませ。何名様(なんめいさま)でしょうか。

손　님 : (　　①　　) 人です。

점　원 : (　　①　　) 名様(めいさま)ですね。おタバコはお吸(す)いになりますか。

손　님 : (　　②　　) 。

점　원 : かしこまりました。
カウンター席(せき)とテーブル席(せき)がございますが、
どちらにいたしましょうか。

손　님 : では、(　　③　　)席(せき)でお願(ねが)いします。

점　원 : かしこまりました。それではお席(せき)にご案内(あんない)いたします。

(お客様(きゃくさま)がお席(せき)につかれて、メニューを差(さ)し出(だ)しながら)

점　원 : メニューはこちらになりますので、
お決(き)まりになりましたらお呼(よ)びください。

손　님 : はい。

I		II	
①손님 인원수	**1**	①お客様(きゃくさま)の人数(にんずう)	**3**
②담배를 피우시는지	**はい。吸(す)います**	②おタバコを吸(す)われるか	**吸(す)いません**
③희망하시는 자리	**カウンター**	③ご希望(きぼう)のお席(せき)	**テーブル**

(2) 손님의 주문을 받읍시다 !

손　님 : すみません。

점　원 : お待たせいたしました。ご注文をお伺いいたします。

손　님 : (　　①　　)お願いします。

점　원 : かしこまりました。お飲み物は何になさいますか。

손　님 : (　　②　　)で。

점　원 : かしこまりました。お飲み物はいつごろお持ちしますか。

손　님 : (　　③　　) でお願いします。

점　원 : かしこまりました。それではご注文の確認をさせていただきます。(　　①　　)。
お飲み物は、(　　②　　) でよろしかったでしょうか。

손　님 : はい。大丈夫です。

점　원 : それでは、少々お待ちください。

・・・(料理が来て)・・・

점　원 : お待たせいたしました。こちら、(　　①　　) でございます。
ごゆっくりお召し上がりください。

I	
①식사 주문내용	**ランチ定食1つ**
②음료 주문내용	**オレンジジュース1つ**
③음료의 타이밍	**食事と一緒**

II	
①お食事注文内容	**カレーライス2つとオムライス1つ**
②お飲み物注文内容	**アイスコーヒー2つとホットミルクティー1つ**
③お飲み物のタイミング	**食後**

(3) 계산을 도와드립시다 !

손　님 ：お会計(かいけい)お願(ねが)いします。

점　원 ：かしこまりました。

お支払(しはら)いは別々(べつべつ)になさいますか。ご一緒(いっしょ)になさいますか。

※ I 혼자 식사하셨을 때는 생략!

손　님 ：（　①　）でお願(ねが)いします。 ※ I 혼자 식사하셨을 때는 생략!

점　원 ：かしこまりました。※ I 혼자 식사하셨을 때는 생략!

それでは、お会計(かいけい)は（　②　）円(えん)でございます。

손　님 ：（　③　）円(えん)でお願(ねが)いします。

점　원 ：（　③　）円(えん)お預(あず)かりいたします。

(おつりとレシートを渡(わた)しながら)

こちらが、（　④　）円(えん)のお返(かえ)しとレシートでございます。

손　님 ：はい。ごちそうさまでした。

점　원 ：ありがとうございました。

またのお越(こ)しをお待(ま)ちしております。

I	
①계산 방법	×
②금액	**1,740**
③손님이 내시는 금액	**2,000**
④거스름돈	**260**

II	
①お会計(かいけい)の方法(ほうほう)	**一緒(いっしょ)**
②金額(きんがく)	**3,690**
③お支払(しはら)い金額(きんがく)	**4,000**
④お返(かえ)し	**310**

第13課　IT 서비스

第13課　IT 서비스

기본회화 1 【인사】

社　員（イム）：おはようございます。イム・ヨナと申します。
今日から第一開発部で働くことになりました。
どうぞよろしくお願いします。
韓国の大学で日本語を専攻して、
IT関連の教育プログラムにも参加していました。
日本で、働くのは初めてなので、何かと至らないところも
あるかと思いますが一生懸命頑張りますので
どうぞよろしくお願いします。

上　司（伊藤）：こちらこそ、よろしくお願いします。
わからないことがあれば、何でも聞いてくださいね。

社　員：ありがとうございます。ご指導よろしくお願いします。

사 원 : 안녕하세요. 임연아라고 합니다.
오늘부터 제1개발부에서 일하게 되었습니다. 잘 부탁드립니다.
한\국 대학교에서 일본어를 전공하고, IT관련 교육 프로그램에도 참가했습니다.
일본에서 일하는 것은 처음이라서, 이것저것 부족한 부분도 있겠지만 열심히 하겠습니다. 잘 부탁드립니다.

상 사 : 저야말로 잘 부탁합니다.
뭐든지 모르는 게 있으면 물어보세요.

사 원 : 감사합니다. 저도 잘 부탁드립니다.

기본어휘와 기본표현

1)	申す(もう)	말씀 드리다	2)	開発部(かいはつぶ)	개발부
3)	営業部(えいぎょうぶ)	영업부	4)	企画部(きかくぶ)	기획부
5)	人事部(じんじぶ)	인사부	6)	総務部(そうむぶ)	총무부
7)	日本語専攻(にほんごせんこう)	일본어 전공	8)	工学(こうがく)	공학
9)	商学(しょうがく)	상법학	10)	経済学(けいざいがく)	경제학
11)	IT(アイティー)	아이티	12)	関連(かんれん)	관련
13)	プログラム	프로그램	14)	参加(さんか)	참가
15)	働く(はたら)	일하다	16)	慣れる(な)	익숙하다
17)	何かと(なに)	이것저것	18)	至らないところ(いた)	부족한 부분
19)	一生懸命(いっしょうけんめい)	열심히	20)	頑張る(がんば)	노력하다

はじめまして。ホン・ギルドンと申(もう)します。(안녕하세요. 홍길동이라고 합니다.)

표현 차이에 유의하자!

ホン・ギルドンです。: 편하게 소개할 때 사용하는 표현

ホン・ギルドンと言(い)います。:「です」보다 조금 공손한 표현

ホン・ギルドンと申(もう)します。: 서비스, 비즈니스에서 시용되는 표현

今日(きょう)から営業部(えいぎょうぶ)で働(はたら)くことになりました。(오늘부터 영업부에서 일하게 되었습니다.)

大学(だいがく)では工学(こうがく)を専攻(せんこう)しておりました。(대학교에서는 공학을 전공했습니다.)

こちらでインターンシップにも参加(さんか)しておりました。

(여기에서 인턴십에도 참가했습니다.)

何(なに)かと至(いた)らないところもあるかと思(おも)いますが、何卒(なにとぞ)よろしくお願(ねが)いします。

(이것저것 부족한 부분도 있겠지만, 잘 부탁드립니다.)

기본회화 2 【확인하기】

社　員：伊藤さん、お忙しいところ失礼します。
コーディングのことで伺いたいことがあるんですが、
今、少しだけお時間よろしいでしょうか。

上　司：はい。いいですよ。

社　員：今、詳細検索モジュールを作成しているんですが、
デバッグしてみたところ、
DB検索用の共通関数を呼んだところで落ちてしまうんです。

上　司：ちょっと見せてもらえますか。

社　員：はい。よろしくお願いします。

・・・(確認して)・・・

上　司：これは、共通関数に問題があるようですね。
この部分は担当の山田さんに任せて、
その間イムさんは他の作業に着手してください。

社　員：詳細検索モジュールのコーディング以外の作業をしながら待つ、
ということですね。

上　司：はい。そうです。

社　員：かしこまりました。
お忙しい中、本当にありがとうございました。

사 원 : 이토씨, 바쁘실 때 실례합니다.
코딩에 대해 여쭈어 보고 싶은 것이 있는데,
지금, 좀 시간이 괜찮으세요?

상 사 : 네. 괜찮아요.

사 원 : 지금 상세 검색 모듈을 작성하고 있는데, 디버깅해봤더니,
데이터베이스 검색용 공통함수를 읽는 단계에서 다운돼 버립니다.

상 사 : 좀 보여주겠어요?

사 원 : 네. 잘 부탁합니다.

… (확인하고) …

상 사 : 이것은 공통함수에 문제가 있는 것 같네요.
이 부분은 담당자인 야마다씨에 맡기고,
그 동안 연아씨는 다른 작업에 착수해 주세요.

사 원 : 상세 검색 모듈 코딩 이외의 작업을 하면서 기다리라는 것이네요.

상 사 : 네. 그렀습니다.

사 원 : 알겠습니다.

상 사 : 바쁘신 와중에 정말 감사합니다.

기본어휘와 기본표현

1)	お忙(いそが)しいところ	바쁘실 때	2)	失礼(しつれい)する	실례하다
3)	コーディング	코딩	4)	伺(うかが)う	여쭈어보다
5)	~たいことがあるんですが	~하고 싶은 것이 있는데요.	6)	よろしいでしょうか	괜찮으세요?
7)	詳細検索(しょうさいけんさく)	상세 검색	8)	モジュール	모듈
9)	作成(さくせい)する	작성하다	10)	デバッグする	디버깅하다 (프로그램 문제를 검출/수정하다)
11)	~たところ(で)	~한 단계에서	12)	DB検索(けんさく)	데이터베이스 검색
13)	共通関数(きょうつうかんすう)(を呼(よ)ぶ)	공통함수(를 불러오다)	14)	落(お)ちる	(서버가)다운되다
15)	~てもらえますか	~해주겠어요?	16)	任(まか)せる	맡기다
17)	着手(ちゃくしゅ)する	착수하다	18)	~ということですね	~라는 것이네요.
19)	トラブる	문제가 생기다	20)	バグ	버그
21)	設計表(せっけいひょう)	설계표	22)	マージする	병합하다

お忙(いそが)しいところ失礼(しつれい)します。(바쁘실 때 실례합니다.)

今(いま)、お時間(じかん)よろしいでしょうか。(지금, 시간이 괜찮으세요?)

少(すこ)し、お伺(うかが)いしたいことがあるんですが。(조금, 여쭈어보고 싶은 것이 있는데요.)

표현 차이에 유의하자!

聞(き)きたいことがあります(が)。(물어보고 싶은 것이 있는데요) : 일반적인 표현

お伺(うかが)いしたいことがあります(が)。: 일반적인 공손한 표현

お伺(うかが)いしたいことがあるんです(が)。: 사무적인 비즈니스 표현

お伺(うかが)いしたいことがございます(が)。: 최상의 서비스 표현

共通関数(きょうつうかんすう)を呼(よ)んだところで落(お)ちてしまうんです。(공통함수를 읽는 단계에서 다운돼버립니다.)

この設計表(せっけいひょう)をマージしておく、ということですね。

(이 설계표를 병합해 놓는다라는 것이네요.)

기본회화 3 【보고하기】

上 司：それでは、進捗報告会議をはじめます。

各自の作業分担、スケジュールに従って、

進捗の報告をお願いします。

それでは、イムさんお願いします。

社 員：はい。先週の進捗会議以降、

C画面のコーディングと単体テストは、

予定通りに進んでいたんですが、共通関数の修正を受けて、

昨日から詳細検索モジュールの仕様変更対応に着手しました。

予定では、コードの修正と単体テストを含め、

1日で終わるはずだったのですが、

まだ単体テストが半分ぐらいしか終わっていない状況です。

上 司：わかりました。何が原因で遅れましたか。

社 員：実は、一旦単体テストを行ったところで、エラーが確認され、

再度コーディングをしていたため遅れてしまいました。

申し訳ございません。

上 司：わかりました。

では、使えるようになりましたら私に教えてください。

社 員：はい。申し訳ございません。

상 사 : 그럼, 진척 보고 회의를 시작하겠습니다.
각자 작업 분담, 스케줄에 따라서 진척 보고를 부탁합니다.
그러면, 연아씨 부탁합니다.

사 원 : 네. 지난 주 진척 회의 이후, C화면의 코딩이란 유닛 테스트는
일정대로 진행되고 있었는데, 공통함수의 수정을 받아서
어제부터 상세 검색 모듈 사양 변경 대응에 착수했습니다.
예정으로는 코드 수정이랑 유닛 테스트를 포함해서,
하루로 끝날 예정이었는데,
아직 유닛 테스트가 반 정도 밖에 안 끝난 상황입니다.

상 사 : 알겠습니다. 뭐가 원인으로 늦어졌습니까?

사 원 : 실은, 일단 유닛 테스트한 단계에서 에러가 확인이 돼서
다시 코딩을 하고 있어서 늦어져버렸습니다. 죄송합니다.

상 사 : 알겠습니다. 그럼, 사용할 수 있게 되면, 저한테 알려주세요.

사 원 : 네. 죄송합니다.

기본어휘와 기본표현

1)	進捗	진척	2)	各自	각자
3)	作業分担	작업 분담	4)	～に従って	～에 따라서
5)	～以降	～이후	6)	予定通り	예정대로
7)	修正	수정	8)	～を受けて	～을 받아서
9)	仕様	사양	10)	コード	코드
11)	単体テスト	유닛 테스트	12)	～はずだった	～할 예정이었다.
13)	状況	상황	14)	原因	원인
15)	遅れる	늦어지다	16)	エラー	에러
17)	確認される	확인되다	18)	再度	다시
19)	～ようになる	～하게 되다	20)	画面	화면

担当者の指示に従って作成をお願いします。

(담당자님 지시에 따라 작성 부탁드립니다.)

来週以降、お電話ください。

(다음주 이후, 전화주세요.)

お客様のご要望を受けて、内容を変更しました。

(손님의 요망을 받아서, 내용을 변경했습니다.)

本来(ほんらい)、昨日(さくじつ)までに完成(かんせい)するはずだったのですが…。

(본래, 어제까지 완성할 예정이었는데….)

표현 차이에 유의하자!

完成(かんせい)するはずだったのですが…。(완성할 예정이었는데….)

完成(かんせい)するべきだったのですが…。(완성했어야 하는데….)

作業(さぎょう)が遅(おく)れてしまいました。(작업이 늦어버렸습니다.)

표현 차이에 유의하자!

報告(ほうこく)が遅(おく)れてしまいました。(보고가 늦어버렸습니다.) : 유감, 아쉬움

報告(ほうこく)が遅(おく)れました。(보고가 늦었습니다.) : 일반적 표현

使(つか)えるようになりましたら、報告(ほうこく)お願(ねが)いします。(사용할 수 있게 되면, 보고 부탁합니다.)

표현 차이에 유의하자!

日本語(にほんご)が話(はな)せるようになりました。

(일본어를 말할 수 있게 되었습니다) : 노력해서 가능해진 변화

日本(にほん)に住(す)んで、日本語(にほんご)を話(はな)すようになりました。

(일본에 살아서, 일본어를 말하게 되었습니다.) : 장소 및 환경 변화

通訳(つうやく)として、会議(かいぎ)で日本語(にほんご)を話(はな)すことになりました。

(통역으로써 회의에서 일본어를 말하게 되었습니다.) : 공적인 결정

日本語(にほんご)を話(はな)すことができます。(일본어를 말할 수 있습니다.) : 능력 중시

문형연습

(1) 「~たいことがあるんですが…。」 ~하고 싶은 것이 있는데요.
(공손한 의뢰 표현)

· コーディングのことで伺いたいことがあるんですが。
(코딩에 대해 여쭈어 보고 싶은 것이 있는데요.)

· ご報告したいことがあるんですが。(보고하고 싶은 것이 있는데요.)

· お願いしたいことがあるんですが。(부탁하고 싶은 것이 있는데요.)

연습

밑줄 친 부분을 「~たいことがあるんですが…」 문형으로 고쳐 문장을 완성하시오.

① ご相談したいです。

→

② 修正内容について伺いたいです。

→

③ 大至急お問い合わせしたいです。

→

(2)「～ていただきたいんですが、何とか1つお願いできないでしょうか。」

～해주시면 좋겠는데, 부디 부탁 하나 들어주시겠어요? (절박한 의뢰 표현)

· データの修正をしていただきたいんですが、何とか1つお願いできないでしょうか。
(데이터 수정을 해주시면 좋겠는데, 부디 부탁 하나 들어주시겠어요?)

· コード変更をしていただきたいんですが、何とか1つお願いできないでしょうか。
(코드 변경을 해주시면 좋겠는데, 부디 부탁 하나 들어주시겠어요?)

· 予算をいただきたいんですが、何とか1つお願いできないでしょうか。
(예산을 받고 싶은데, 부디 부탁 하나 들어주시겠어요?)

연습

밑줄 친 부분을 「～ていただきたいんですが、何とか一つお願いできないでしょうか」 문형으로 고쳐 문장을 완성하시오.

① この部分のコーディングをしてほしいです。

→

② 会議資料の作成をしてほしいです。

→

③ 共通関数の修正をしてほしいです。

→

회화연습

(1) 새로운 직장에서 자기소개를 합시다！

사 원　：おはようございます。(　　①　　) と申します。
今日から(　②　)で働くことになりました。
どうぞよろしくお願いします。
韓国の大学で(　③　)を専攻していました。
日本で働くのは初めてなので、何かと至らないところもあるかと思いますが、一生懸命頑張りますので
どうぞよろしくお願いします。

상 사　：よろしくお願いします。
わからないことがあれば、何でも聞いてくださいね。

Ⅰ	
①자기 이름	**キム·ソラ**
②배속 부서	**営業部**
③전공	**日本語**

Ⅱ	
①自分の名前	**イ·マンギ**
②配属部署	**総務部**
③専攻	**心理学**

Ⅲ	
①自分の名前	**パク·シネ**
②配属部署	**開発部**
③専攻	**工学**

Ⅳ	
①自分の名前	**キム·ソヨン**
②配属部署	**企画部**
③専攻	**経営学**

(2) 상사한테 모르는 것을 확인합시다 !

사 원 : (　　①　　)、お忙しいところ失礼します。
(　②　)のことで伺いたいことがあるんですが,
今、少しだけお時間よろしいでしょうか。

상 사 : はい。いいですよ。

사 원 : (　　　　③　　　　)ので、確認していただけませんか。

상 사 : わかりました。ちょっと見てみますね。

・・・(確認して)・・・

상 사 : (　　　　④　　　　)ので、
(　　　　⑤　　　　)してください。

사 원 : ありがとうございます。
(　　　　⑤　　　　)する、ということですね。

상 사 : はい。そうです。

사 원 : かしこまりました。
お忙しい中、本当にありがとうございました。

Ⅰ	
①상사 이름	内田課長
②확인내용(간결)	コーディング
③확인내용(상세)	検索条件を確認する際に エラーが起きてしまう
④원인	共通関数に問題がある
⑤지시내용	共通関数から修正

Ⅱ	
①上司の名前	西島先輩
②確認内容(簡潔)	コピー機のエラー
③確認内容(詳細)	印刷する際に エラーが起きてしまう
④原因	トナーが切れている
⑤指示内容	トナーを交換

(3) 프로젝트 상황을 보고합시다 !

상 사 ：それでは、進捗報告会議をはじめます。
各自の作業分担、スケジュールに従って、
進捗の報告をお願いします。
それでは、(　　①　　)さんお願いします。

사 원 ：はい。私は、(　　　　②　　　　)という状況です。

상 사 ：わかりました。今後はどのように進める予定ですか。

사 원 ：今後は (　　　　③　　　　)予定です。

상 사 ：わかりました。ありがとうございます。

I	
①자기 이름	キム·ソラ
②작업 상황	A画面のコーディングが完了しましたので、今朝から修正作業に入った
③이후 예정	明後日までに現在の作業を終わらせ、B画面の単体テストに戻る

II	
①自分の名前	イ·マンギ
②作業の状況	仕様変更になった共通関数を修正し、昨日からメンテナンス画面のコーディングに戻っている
③今後の予定	スケジュール通り現在の作業を今日中に終わらせ、C画面の作業に移る

第14課　일본현지생활회화

第14課　일본현지생활회화

기본회화 1　【집 구하기】

店　員：いらっしゃいませ。
本日はどのような物件をお探しでしょうか。

お客様：新宿駅から徒歩15分圏内のワンルームを探しているんですが。

店　員：新宿駅から徒歩15分圏内のワンルームですね。
ですと、こちらの物件はいかがでしょうか。(間取りを見せる)
こちらは新築で家具家電付き、
敷金10万円、礼金10万円、家賃10万円でございます。

お客様：もう少し安いものはありませんか。

店　員：はい。別の物件ですと、こちらがございます。
(別の物件を見せる)
敷金6万5千円、礼金6万5千円、家賃6万5千円ですが、
家具家電が付きませんのでご了承ください。

お客様：そうなんですね。
ちなみに、2つの物件は、駅から歩いて何分くらいかかりますか。

店　員：どちらも約15分ほどですね。

お客様：そうですか。では、1つ目の物件でお願いします。

店　員：かしこまりました。ありがとうございます。

점 원 : 어서 오십시오. 오늘은 어떤 물건을 찾으세요?

손 님 : 신주쿠역에서 도보 15분 내 원룸을 찾고 있는데요.

점 원 : 신주쿠역에서 도보 15분 내 원룸이네요.
그러면, 이 물건은 어떻세요? (방 배치를 보여준다)
여기는 신축이고 붙박이 가구 붙박이 가전이 있고
보증금 10만엔, 사례금 10만엔, 월세 10만엔입니다.

손 님 : 좀 더 싼 것은 없어요?

점 원 : 네. 다른 물건이라면, 이것이 있습니다. (다른 물건을 보여준다)
보증금 6만5천엔, 사례금 6만5천엔, 월세 6만5천엔입니다만,
가구 가전이 딸려있지 않은 점, 양해 바랍니다.

손 님 : 그렇군요.
더불어, 두 물건은, 역에서 걸어서 몇 분 걸리나요?

점 원 : 두건 모두 약 15분 정도입니다.

손 님 : 그렇군요. 그럼, 첫 번째 물건으로 부탁합니다.

점 원 : 알겠습니다. 감사합니다.

기본어휘와 기본표현

1)	物件	물건	2)	徒歩圏内	도보범위
3)	新築	신축	4)	家具付き	붙박이 가구
5)	家電付き	붙박이 가전제품	6)	ペットOK	애완동물 OK
7)	耐震/免震	내진/면진※	8)	ワンルーム	원룸
9)	1K(ワンケー)	방1, 부엌1	10)	1DK (ワンディーケー)	방1, 응접실1, 부엌1
11)	1LDK (ワンエルディーケー)	방1, 거실1, 응접실1, 부엌1	12)	アパート	연립주택(주로 가난한 시민/독신자가 사용)
13)	マンション	아파트(주로 일반적인 가족 공동체가 사용)	14)	一軒家	단독주택
15)	集合住宅	집합 주택	16)	間取り	방 배치
17)	敷金	보증금	18)	礼金	사례금
19)	家賃	월세	20)	了承する	양해하다

※ 면진(免震)이라는 것은, 지진의 진동을 견디는 내진(耐震)과 달리 지진의 진동이 전달되지 않게 하는 구조입니다.

どのような物件をお探しでしょうか。(어떤 물건을 찾으세요?)

新築で、ペットOKの1LDKを探しているんですが。
(신축이고, 애완동물도 괜찮은 1LDK 방을 찾고 있는데요.)

耐震構造のあるマンションを探しているんですが。
(내진구조가 잘 되어 있는 아파트를 찾고 있는데요.)

間取りを見せていただけますか。(방 배치를 보여주시겠어요?)

敷金礼金なしで、家賃7万円のワンルームがございます。
(보증금 사례금 없이, 월세 7만엔 원룸이 있습니다.)

기본회화 1 【은행 계좌 개설】

銀行員 ：お待たせいたしました。こちらにお掛けください。
本日はどのようなご用件でしょうか。

お客様 ：口座を作りたいんですが。外国人でも大丈夫でしょうか。

銀行員 ：ありがとうございます。外国の方でも、もちろん大丈夫ですよ。
普通口座と、定期預金口座がございますが、
どちらをご希望でしょうか。

お客様 ：普通口座でお願いします。

銀行員 ：かしこまりました。
では、こちらの書類に目を通していただいて、
お名前、ご住所などの基本情報をご記入の上、
こちらにサインをお願いいたします。
また、在留カードもご提示ください。

お客様 ：できました。お願いします。(在留カードと書類を渡す)

銀行員 ：ありがとうございます。通帳の発行には、
1,000円以上の初期入金をお願いしておりますが、
おいくらご入金されますか。

お客様 ：では、1,000円でお願いします。

銀行員 ：かしこまりました。では、通帳を発行しますので、
少々お待ちください。

お客様 ：わかりました。

・・・(通帳ができあがって)・・・

銀行員 ：お客様、大変お待たせいたしました。
こちらが通帳と、キャッシュカード、
そしてお預かりしていた在留カードでございます。

お客様 ：ありがとうございます。

銀行員 ：ご利用ありがとうございました。

은행원 : 오래 기다리셨습니다. 이쪽으로 앉으세요.
오늘은 무슨 용건이세요?

손 님 : 계좌를 만들고 싶은데요. 외국인이라도 괜찮은가요?

은행원 : 감사합니다. 외국분이셔도 당연히 괜찮습니다.
보통예금계좌와 정기예금계좌가 있습니다만, 어떤 것을 희망하세요?

손 님 : 보통예금계좌로 부탁합니디.

은행원 : 알겠습니다. 그럼, 여기 서류를 읽어보시고,
성함, 주소 등 기본정보를 기입하신 다음에,
여기에 사인을 부탁드립니다. 또, 재류카드도 제시해주세요.

손 님 : 됐습니다. 부탁합니다. (재류카드와 서류를 준다)

은행원 : 감사합니다. 통장 발행에는,
1,000엔 이상 초기 입금을 부탁하고 있습니다만, 얼마 입금하시겠습니까?

손 님 : 그럼, 1,000엔으로 부탁합니다.

은행원 : 알겠습니다. 그럼 통장을 발행하겠습니다. 잠깐만 기다리세요.

손 님 : 알겠습니다.

… (통장이 완성된 후) …

은행원 : 손님, 많이 기다리셨습니다.
여기 통장이랑, 현금카드,
그리고 맡았던 재류카드입니다.

손 님 : 감사합니다.

은행원 : 이용해주셔서 감사합니다.

기본어휘와 기본표현

1)	掛ける	앉다	2)	用件	용건
3)	口座	계좌	4)	普通口座	보통예금계좌
5)	定期預金口座	정기예금계좌	6)	ご希望	희망
7)	在留カード	재류카드	8)	目を通す	훑어보다
9)	～の上	～한 다음에	10)	印鑑	인감
11)	銀行印	은행 인감	12)	通帳	통장
13)	初期入金	초기입금	14)	発行する	발행하다
15)	少々	잠깐만	16)	キャッシュカード	현금카드
17)	デビットカード	체크카드	18)	クレジットカード	신용카드

こちらにお掛けください。(이쪽으로 앉으세요.)

本日はどのようなご用件でしょうか。(오늘은 무슨 용건이세요?)

普通口座を開設したいんですが。(보통예금계좌를 개설하고 싶은데요.)

こちらの書類に一度目を通してください。(여기 서류를 한번 훑어봐 주세요.)

普段使われている印鑑とは別に、銀行印をご用意ください。
(평소에 쓰시는 인감 말고 은행 인감을 준비해 주세요.)

こちらがお客様の通帳とキャッシュカードでございます。
(여기 손님의 통장이랑 현금카드입니다.)

기본회화 3 【통신사(휴대폰) 계약하기】

店　員：いらっしゃいませ。ご来店ありがとうございます。

お客様：携帯電話の新規契約に来ました。

店　員：かしこまりました。それではお好きな機種をお選びください。

お客様：では、このiPhoneでお願いします。

店　員：かしこまりました。
では、次に料金プランのご案内をさせていただきます。
最近はデータ通信使い放題、電話かけ放題の
「よくばりプラン」と、使った分に応じて定額上限が決まる
「お手軽プラン」がおすすめでございます。

お客様：「よくばりプラン」は月おいくらかかりますか。

店　員：月々7,500円でございます。ちなみに、「お手軽プラン」は、
データ通信を1GBまで、通話1回5分以内かけ放題で
4,500円でございます。

お客様：そうなんですね。では、「お手軽プラン」でお願いします。

店　員：かしこまりました。では、こちらのご契約内容で
よろしければこちらに印鑑をお願いします。
また、お客様の在留カードと通帳もご提示お願いします。

お客様：はい。(在留カードと通帳を渡して、契約書に印鑑を押す)

店　員：ありがとうございます。
こちらがお預かりした在留カードと通帳でございます。
今から携帯電話の初期設定をしますので少々お待ちください。

お客様：はい。お願いします。

・・・(初期設定)・・・

店　員：お待たせいたしました。初期設定が完了しました。
また何かご不便がございましたら、いつでもご来店くださいませ。

점원　: 어서 오십시오. 가게를 찾아주셔서 감사합니다.

손님　: 휴대전화 신규 계약하러 왔습니다.

점원　: 알겠습니다. 그러면, 마음에 드시는 기종을 골라주세요.

손님　: 그럼, 이 아이폰으로 부탁합니다.

점원　: 알겠습니다. 그럼, 다음은 요금 플랜을 안내해드리겠습니다.
최근은 데이터통신 무제한, 통화 무제한인 “욕심쟁이 플랜”이랑
사용량에 대응해서 정액한도가 정해지는 “손쉬운 플랜”을 추천합니다.

손님　: "욕심쟁이 플랜"은 월 얼마입니까?

점원　: 매달 7,500엔입니다. 근데 “편한 플랜”은,
데이터통신을 1GB까지, 통화 한번 5분 이내 무제한이고 4,500엔입니다.

손님　: 그렇군요. 그럼 “편한 플랜”으로 부탁합니다.

점원　: 알겠습니다. 그러면, 여기 계약내용이 괜찮으시면
여기에 도장을 부탁합니다.
또, 손님 재류카드랑 통장도 제시해주세요.

손님　: 네. (재류카드랑 통장을 전하고, 계약서에 도장을 찍는다)

점원　: 감사합니다. 여기 맡았던 재류카드랑 통장입니다.
지금부터 휴대전화 초기설정을 할 거라서 잠깐만 기다리세요.

손님　: 네. 부탁합니다.

… (초기설정) …

점원　: 오래 기다리셨습니다. 초기설정이
완료됐습니다.
또 뭔가 불편한 것이 있으시면,
언제든지 방문해주십시오.

기본어휘와 기본표현

1)	ご来店(らいてん)	가게에 오시는 것	2)	新規契約(しんきけいやく)	신규계약
3)	機種変更(きしゅへんこう)	기종변경	4)	SIM(シム)カード契約(けいやく)	유심카드 계약
5)	機種(きしゅ)	기종	6)	料金(りょうきん)プラン	요금 플랜
7)	データ通信(つうしん)	데이터통신	8)	使(つか)い放題(ほうだい)	무제한
9)	電話(でんわ)かけ放題(ほうだい)	통화 무제한	10)	よくばり	욕심쟁이
11)	おすすめ	추천	12)	通話(つうわ)	통화
13)	従量制(じゅうりょうせい)	종량제	14)	～した分(ぶん)	～한 분
15)	～に応(おう)じて	～에 대응해서	16)	定額上限(ていがくじょうげん)	정액한도
17)	お手軽(てがる)	손쉬운	18)	月々(つきづき)	매달
19)	GB(ギガバイト)	기가바이트	20)	契約書(けいやくしょ)	계약서
21)	ご提示(ていじ)	제시	22)	お預(あず)かりした	맡아드린
23)	初期設定(しょきせってい)	초기설정	24)	ご不便(ふべん)	불편

ご来店(らいてん)ありがとうございます。(가게를 찾아주셔서 감사합니다.)

携帯電話(けいたいでんわ)のSIM(シム)カード契約(けいやく)に来(き)ました。(휴대전화의 유심카드 계약하러 왔습니다.)

データ通信(つうしん)使(つか)い放題(ほうだい)、電話(でんわ)かけ放題(ほうだい)の「よくばりプラン」がおすすめです。

(데이터통신 무재한, 통화 무제한인 "욕심쟁이 플랜"을 추천합니다.)

月々(つきづき)おいくらかかりますか。(매달 얼마 걸립니까?)

こちらの契約書(けいやくしょ)をご確認(かくにん)いただいて、よろしければこちらに印鑑(いんかん)をお願(ねが)いします。

(여기 계약서를 확인하시고, 괜찮으면 여기 도장을 부탁합니다.)

문형연습

(1)「~んですが。」~는/은데요. (손님이 자주 쓰는 의뢰표현)

・ ワンルームを探して(さが)いるんですが。(원룸을 찾고 있는데요.)

・ 口座(こうざ)を作(つく)りたいんですが。(계좌를 만들고 싶은데요.)

・ 携帯電話(けいたいでんわ)の新規契約(しんきけいやく)をしたいんですが。(휴대전화 신규 계약하고 싶은데요.)

연습

밑줄 친 부분을「~んですが」문형으로 고쳐 문장을 완성하시오.

① 新築(しんちく)の物件(ぶっけん)を探(さが)しています。

→

② 定期預金口座(ていきよきんこうざ)を作(つく)りたいです。

→

③ SIMカードの契約(けいやく)をしたいです。

→

(2)「~(に)目(め)を通(とお)してください。」~를/을 훑어봐 주세요.
(「~(を)確認(かくにん)してください」의 비즈니스 서비스 표현)

- こちらの書類(しょるい)に一度(いちど)目(め)を通(とお)してください。(이 쪽 서류를 한번 훑어봐 주세요.)
- こちらの契約書(けいやくしょ)に目(め)を通(とお)してください。(이 쪽 계약서를 훑어봐 주세요.)
- 料金表(りょうきんひょう)に目(め)を通(とお)してください。(요금표를 훑어봐 주세요.)

연습

밑줄 친 부분을「~(に)目(め)を通(とお)してください」문형으로 고쳐 문장을 완성하시오.

① ご契約内容(けいやくないよう)を確認(かくにん)してください。

→

② 料金(りょうきん)プランにお間違(まちが)えがないか確認(かくにん)してください。

→

③ 取(と)り扱(あつ)い説明書(せつめいしょ)を確認(かくにん)してください。

→

회화연습

(1) 집을 구합시다 !

점 원 : いらっしゃいませ。本日(ほんじつ)はどのような物件(ぶっけん)をお探(さが)しでしょうか。

손 님 : (①)を探(さが)しているんですが。

점 원 : (①)ですね。

ですと、こちらの物件(ぶっけん)はいかがでしょうか。(間取(まど)りを見(み)せる)

こちらは (②)、敷金(しききん)(③)万円(まんえん)、礼金(れいきん)(④)万円(まんえん)、

家賃(やちん)(⑤) 万円(まんえん)でございます。

손 님 : そうなんですね。

ちなみに、この物件(ぶっけん)は、(⑥)。

점 원 : (⑦)。

손 님 : そうですか。では、この物件(ぶっけん)でお願(ねが)いします。

점 원 : かしこまりました。ありがとうございます。

I	
①찾는 방	**家具(かぐ)付(つ)きのアパート**
②방의 매력	**エアコンなど家電(かでん)も付(つ)いております**
③보증금	**15**
④사례금	**7**
⑤월세	**7**
⑥질문	**交通(こうつう)の便(べん)もいいですか**
⑦질문에 대한 대답	**はい。アパートの目(め)の前(まえ)にバス停(てい)もございます**

II	
①探(さが)している物件(ぶっけん)	**ペットOKのワンルーム**
②物件(ぶっけん)の魅力(みりょく)	**築(ちく)3年(ねん)のきれいな物件(ぶっけん)でございます**
③敷金(しききん)	**6**
④礼金(れいきん)	**6**
⑤家賃(やちん)	**6**
⑥質問(しつもん)	**家電(かでん)付(つ)きですか**
⑦質問(しつもん)の答(こた)え	**家電(かでん)は付(つ)いていないのですが、家具(かぐ)は付(つ)いております**

(2) 은행에서 계좌 개설을 합시다!

은행원 : お待たせいたしました。こちらにお掛けください。
本日はどのようなご用件でしょうか。

손　님 : (　①　)を作りたいんですが。

은행원 : かしこまりました。
では、確認の間、こちらの書類に目を通していただいて、
お名前、ご住所などの基本情報をご記入の上、
こちらにサインをお願いいたします。
また、在留カードもご提示ください。

손　님 : できました。お願いします。(在留カードと書類を渡す)

은행원 : ありがとうございます。通帳の発行には、
1,000円以上の初期入金をお願いしておりますが、
おいくらご入金されますか。

손　님 : では、(　②　)円でお願いします。

은행원 : かしこまりました。では、通帳を発行しますので、
少々お待ちください。

손　님 : わかりました。

・・・(通帳ができあがって)・・・

은행원 ：お客様(きゃくさま)、大変(たいへん)お待(ま)たせいたしました。

こちらが(　　③　　)と、

お預(あず)かりしていた在留(ざいりゅう)カードでございます。

손　님 ：ありがとうございます。

은행원 ：ご利用(りよう)ありがとうございました。

I	
①방문 목적	**普通口座(ふつうこうざ)**
②초기입금액	**10,000**
③손님께 드리는 것	**通帳(つうちょう)とキャッシュカード**

II	
①来店目的(らいてんもくてき)	**定期預金口座(ていきよきんこうざ)**
②初期入金額(しょきにゅうきんがく)	**5,000**
③お客様(きゃくさま)に渡(わた)すもの	**通帳(つうちょう)**

(3) 통신사에서 휴대폰 계약을 합시다 !

점 원 : いらっしゃいませ。ご来店(らいてん)ありがとうございます。
本日(ほんじつ)はどのようなご用件(ようけん)でしょうか。

손 님 : (　①　)に来(き)ました。

점 원 : かしこまりました。
それでは、こちらからお好(す)きなものをお選(えら)びください。

손 님 : では、この(　②　)でお願(ねが)いします。

점 원 : かしこまりました。こちらは価格(かかく)が(　③　)円(えん)でございますが
こちらのプランでよろしいでしょうか。

손 님 : はい。大丈夫(だいじょうぶ)です。それでお願(ねが)いします。

점 원 : かしこまりました。それでは、こちらの契約書(けいやくしょ)をご確認(かくにん)
いただいて、よろしければこちらに印鑑(いんかん)をお願(ねが)いします。
また、お客様(きゃくさま)の在留(ざいりゅう)カードと通帳(つうちょう)もご提示(ていじ)お願(ねが)いします。

손 님 : はい。(在留(ざいりゅう)カードと通帳(つうちょう)を渡(わた)して、契約書(けいやくしょ)に印鑑(いんかん)を押(お)す)

점 원 : ありがとうございます。
では、こちらがお預(あず)かりした在留(ざいりゅう)カードと通帳(つうちょう)、
そして(　②　)でございます。
また何(なに)かご不便(ふべん)がございましたら、いつでもご来店(らいてん)くださいませ。

손 님 : はい。ありがとうございます。

I	
①방문 목적	携帯電話(けいたいでんわ)の新規契約(しんきけいやく)
②선택한 상품	iPhone Xs
③가격	月々(つきづき)7,600

II	
①来店目的(らいてんもくてき)	SIMカードの契約(けいやく)
②選択(せんたく)した商品(しょうひん)	月(つき)30GBのSIMカード
③価格(かかく)	32,000

칼럼 I 일본 현지 생활을 시작할 때

1) 집 구하기

일본취직 등 일본생활을 시작할 때, 먼저 해야 되는 것은 집을 구하는 것입니다. 일본 취직을 하게 되면, 대부분의 회사들이 기숙사를 제공해주거나 아파트를 빌려주거나 합니다. 그 때는 회사 지시에 따라서 계약을 하면 됩니다.

〈일본 공인중개사〉

SUUMO

CHINTAI

ミニミニ

アパマンショップ

2) 재류카드 받기

비자를 받은 여권으로 신치토세공항(북해도), 나리타공항(도쿄), 하네다공항(도쿄), 중부국제공항(나고야), 간사이공항(오오사카), 히로시마공항, 후쿠오카공항에서 입국할 경우, 입국시에 재류카드 발급이 됩니다. 이상 7개 공항 이외의 경우, 시청에 신청한 주소에 재류카드가 우편으로 발송됩니다.

3) 계좌 만들기

일본 은행은 대부분, 계좌를 만들 때 전화번호가 필요합니다. 하지만 휴대폰을 만들기 위에서는 계좌가 있어야 됩니다. 전화번호 없이 계좌 개설이 가능한 은행은 우체국(ゆうちょ)입니다. 그러기 때문에, 외국인으로써 일본에서 계좌를 만들 때는 꼭 우체국에서 만들어야 됩니다.

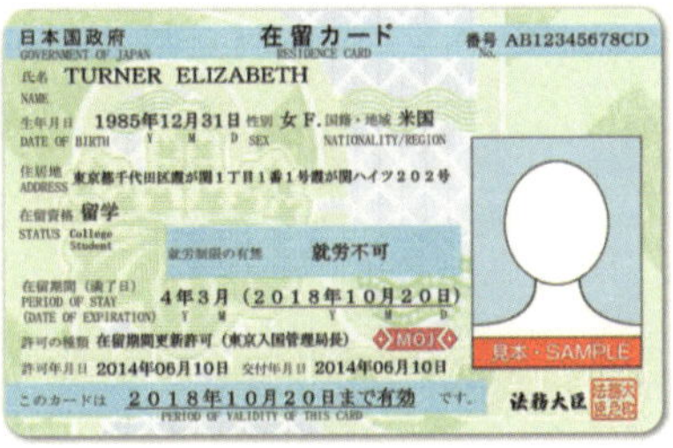

表面

4) 통신 회사에서 휴대폰 계약하기

자기 계좌를 만든 상태로 통신사에 가면 문제 없이 휴대폰 및 wi-fi 계약이 가능합니다.

〈일본 유명 통신사〉

docomo

au

Softbank

부록 : 취직의 비결!

① 이력서 - 1

履歴書

年　月　日現在

写真をはる位置 写真をはる必要がある場合 1. 縦 36~40㎜ 横 24~30㎜ 2. 人単身胸から上 3. 裏面のりづけ

ふりがな 氏 名		
	年　月　日生（満　歳）	※ 男・女

ふりがな 現住所 〒	電話
ふりがな 連絡先 〒　（現住所以外に連絡を希望する場合のみ記入）	電話

年	月	学歴·職歴（各別にまとめて書く）

年	月	学歴·職歴（各別にまとめて書く）
年	月	免許·資格

本人希望記入欄（特に給料·職種·勤務時間·勤務地·その他についての希望などがあれば記入）

① 이력서 - 2 견본

履歴書

2017年 6月 5日現在

ふりがな　きむ	
氏 名 金 ヨナ	
1995年 6月 19日生 (満 22歳)	※ 男 · ㊛

写真をはる位置

写真をはる必要
がある場合

1. 縦 36 ~ 40㎜
   横 24 ~ 30㎜
2. 人単身胸から上
3. 裏面のりづけ

ふりがな　ぎょんさんなむど　きめし　いんじぇろ　とう　ごう	電話
現住所 〒50834 慶尚南道 金海市 仁済路 197 ハナアパート 102棟 1305号	055 - 1234 - 5678 010 - 1234 - 5678
ふりがな	電話
連絡先 〒　(現住所以外に連絡を希望する場合のみ記入)	

年	月	学歴·職歴 (各別にまとめて書く)
		学歴
2011	2	金海中学校 卒業
2011	3	金海高等学校 入学
2014	2	金海高等学校 卒業
2014	3	仁済大学校文理科大学国際語文学部 入学
2018	2	仁済大学校文理科大学国際語文学部 卒業予定
		留学歴
2016	4	茨城大学国際学部国際文化学科 交換留学 開始
2017	3	茨城大学国際学部国際文化学科 交換留学 修了
2018	7	福岡女学院大学 夏季短期語学研修 (1ヶ月)

年	月	学歴・職歴（各別にまとめて書く）
		職歴
2014	7	Angelinus Coffee（カフェ）アルバイト開始
		ホールサービス、調理、レジを担当
2014	9	アルバイト 終了
		以上
年	月	**免許・資格**
2015	7	普通自動車 第二種免許 取得
2016	12	日本語能力試験（JLPT）N1 取得
2017	8	TOEIC 750点
2018	2	中高等学校 2級正教師（日本語）取得予定

本人希望記入欄（特に給料·職種·勤務時間·勤務地·その他についての希望などがあれば記入）
御社に入社いたしましたら、どんな仕事も一生懸命にさせていただきたいと思います。
よろしくお願いいたします。

② 입사지원서 · 면접

Ⅰ. 작성해 봅시다!(자기가 열심히 해온 것에 대해 예와 같이 쓰고 정리하세요.↓)

①경험한 일	例）日本留学	
②동기 · 목표	例） 日本の生活文化や生きた日本語を学ぶこと	
③무엇을 했는가?	例） 日本人の友達と一緒に勉強しながら、レストランでアルバイトしたり、日本人に韓国語を教えるボランティアをする	
④실패 곤란	例） 接客日本語がわからず苦戦する	
⑤노력	例） 毎日小さなメモ帳をもって、先輩の動きと言葉づかいをメモし、覚えるようにする	
⑥보람을 느낀 점	例） 日本に身を置きながら、日本語を使ってお客様の役に立つこと	
⑦이후 주요활동	例） 日本人のお客様がよくいらっしゃるデパートでアルバイトをする	
⑧어떤 사원이 되고 싶은지	例） お客様にご不便のないよう、常に気配りと笑顔を忘れない	

⑨희망직종 희망기업	例）グランドスタッフ(地上職)	
⑩그 직업이 가진 매력	例） お客様の快適な旅のはじまりをお手伝いできる	
⑪그 직업이 요구하는 스킬 및 자격증	例） 日本語や英語、サービスのスキル	
⑫발휘할 수 있는 자신의 장점	例） 韓国語以外に、ビジネスレベルの日本語と英語のスキルや、お客様への快適なサービス	

II.「자기PR」을 작성해 봅시다!

I 에서 정리한 내용을 아래 문장의 번호와 연결시켜 넣으시오.

例1)

私は、日本の生活文化や生きた日本語を学ぶことを目標に日本留学をして、日本人の友達と一緒に勉強しながら、レストランでアルバイトしたり、日本人に韓国語を教えるボランティアをするというような活動をしました。

そこでは、接客日本語がわからず苦戦するなどの困難に直面しましたが、毎日小さなメモ帳をもって、先輩の動きと言葉づかいをメモし、覚えるようにすることを通して乗り越えました。この経験を通じて、私は日本に身を置きながら、日本語を使ってお客様の役に立つことにやりがいを感じて、今でも日本人のお客様がよくいらっしゃるデパートでアルバイトをするなどの取り組みに励んでいます。

御社に入社いたしましたら、ぜひ、お客様にご不便のないよう、常に気配りと笑顔を忘れない社員として毎日全力で頑張りたいと思います。

例2)

私は、本場の日本語を学ぶことを目標に日本留学をして、日本人の友達と一緒にサークル活動をするというような活動をしました。

そこでは、若者言葉がわからないなどの困難に直面しましたが、友達や先輩にすぐに確認することを通して乗り越えました。この経験を通じて、私は日本で活動することにやりがいを感じて、今でも日本人の友達と連絡をとるなどの取り組みに励んでいます。

御社に入社いたしましたら、ぜひ、日本人のお客様にスムーズなサービスができる社員として毎日全力で頑張りたいと思います。

私は、(②)を目標に(①)をして、(③)というような活動をしました。
そこでは、(④)などの困難に直面しましたが、(⑤)ことを通して乗り越えました。この経験を通じて、私は(⑥)にやりがいを感じて、今でも(⑦)などの取り組みに励んでいます。

御社に入社いたしましたら、ぜひ、(⑧)社員として毎日全力で頑張りたいと思います。

Ⅲ. 「지원동기」를 작성해 봅시다 !

Ⅰ에서 정리한 내용을 아래 문장의 번호와 연결시켜 넣으시오.

例1)

私は、必ず御社のグランドスタッフとして働きたいと思っています。なぜなら、グランドスタッフには、お客様の快適な旅のはじまりをお手伝いできるというような魅力があり、日本語や英語、サービスのスキルを必要とするからです。

私はこれまで、日本留学をはじめとする様々な取り組みを通して、ビジネスレベルの日本語と英語のスキルや、お客様への快適なサービスに磨きをかけてきました。

御社に入社いたしましたら、ビジネスレベルの日本語と英語のスキルや、お客様への快適なサービススキルを活かして、お客様にご不便のないよう、常に気配りと笑顔を忘れない社員になりたいと思います。

例2)

私は、必ず御社のグランドスタッフとして働きたいと思っています。なぜなら、グランドスタッフには、外国語を使ってサービスができるというような魅力があり、語学のスキルを必要とするからです。

私はこれまで、日本留学をはじめとする様々な取り組みを通して、ビジネスレベルの日本語スキルに磨きをかけてきました。

御社に入社いたしましたら、ビジネスレベルの日本語スキルを活かして、日本人のお客様にスムーズなサービスができる社員になりたいと思います。

私は、必ず御社の (⑨) として働きたいと思っています。なぜなら、(⑨) には、(⑩) というような魅力があり、(⑪) を必要とするからです。

私はこれまで、(①) をはじめとする様々な取り組みを通して、(⑫) に磨きをかけてきました。

御社に入社いたしましたら、(⑫) スキルを活かして、(⑧) 社員になりたいと思います。

문형연습 해답

第5課 공항 서비스

1 - ①飛行機にご搭乗くださいませ。

②乗務員に不便なことをお知らせくださいませ。

③8番窓口までお越しくださいませ。

2 - ①お飲み物をお渡しいたしましょうか。

②お荷物の移動をお手伝いいたしましょうか。

③お席までご案内いたしましょうか。

第6課 호텔 서비스

1 - ①お部屋は喫煙でよろしいでしょうか。

②朝食付きのプランでよろしいでしょうか。

③シングルルームでよろしいでしょうか。

2 - ①本日より4泊でよろしかったでしょうか。

②2名様で、喫煙のダブルルームでよろしかったでしょうか。

③朝食はなしでよろしかったでしょうか。

第7課 판매(면세점) 서비스

1 - ①駐車場はあちらにございます。

②お手洗いは、まっすぐ進んで右手にございます。

③食料品売り場は地下1階にございます。

2 - ①お探しの商品はあちらでございます。

②そちらの香水が人気でございます。

③こちら、商品とお返しでございます。

第8課 관광안내 서비스

1 - ①(私が)お客様をご案内させていただきます。

②(私が)説明させていただきます。

③(私が)窓を閉めさせていただいてもよろしいでしょうか。

2- ①(お客様は)こちらに荷物を預けていただきます。

②それでは(お客様は)窓の外を見ていただきます。

③(お客様は)こちらで食事をしていただきます。

第9課 통역 서비스

1- ①ただ今より、閉会式を始めたいと思います。

②私が代表してお話ししたいと思います。

③こちらで記念撮影をしたいと思います。

2- ①みなさまを精一杯ご案内する所存でございます。

②素敵な開会式を計画する所存でございます。

③すぐに連絡をする所存でございます。

第10課 의료 서비스

1- ①卵アレルギーはございませんか。

②これまでに、お薬で気分が悪くなったことはございませんか。

③持病はございませんか。

2- ①(患者様は)こちらのいすにお掛けになってください。

②患者様は、ただ今お着替えになっています。

③(患者様、)お薬は窓口でお受け取りになってください。

3- ①(私が)ドアをお閉めします。

②(私が)診察室までご案内します。

③(私が)お着替えをお持ちします。

第11課 무역 서비스

1- ①どうか取引きの継続を検討していただけないでしょうか。

②新プランの内容を確認していただけないでしょうか。

③課長がお戻りになりましたら、お電話いただけないでしょうか。

2- ①新商品の取引きを検討していただけないかと思いまして。

②進行中の事業の再確認をしていただけないかと思いまして。

③会議内容のコピーをいただけないかと思いまして。

3 - ①こちらにお名前を書いていただけますでしょうか。
②来週中に弊社に来ていただけますでしょうか。
③連絡先をいただけますでしょうか。

第12課 음식점 서비스

1 - ①灰皿をご利用になりますか。
②お食事の際、エプロンはお使いになりますか。
③お子様をおつれになりますか。

2 - ①サイドメニューは何になさいますか。
②お席は窓側の席になさいますか。
③お支払いはカードになさいますか。

第13課 IT 서비스

1 - ①ご相談したいことがあるんですが。
②修正内容について伺いたいことがあるんですが。
③大至急お問い合わせしたいことがあるんですが。

2 - ①この部分のコーディングをお願いしたいんですが、何とか1つお願いできないでしょうか。
②会議資料の作成をお願いしたいんですが、何とか1つお願いできないでしょうか。
③共通関数の修正をしたいんですが、何とか1つお願いできないでしょうか。

第14課 일본현지생활회화

1 - ①新築の物件を探しているんですが。
②定期預金口座を作りたいんですが。
③SIMカードの契約をしたいんですが。

2 - ①ご契約内容に目を通してください。
②料金プランにお間違えがないか目を通してください。
③取り扱い説明書に目を通してください。